小津安二郎と戦争

田中 眞澄

みすず書房

小津安二郎と戦争　目次

I

I

中学時代の小津（小津安二郎青春館蔵／協力・小津ハマ）。

大正映画少年

ベス単とマンドリン

東京深川生まれの小津安二郎だが、一九一三（大正二）年から十年間は東京に住んでいない。父寅之助を深川に残して、一家は三重県松阪町に移住した。その町を本拠とする小津本家の、いわば東京営業所長格だった寅之助の単身赴任という形をとったのである。一九〇三（明治三十六）年十二月十二日に生まれた安二郎は、このとき小学四年生。小津安二郎は人生でもっとも多感な十代の日々を、父祖の地松阪で過ごしたのだった。彼の血統、気質を見るうえで、東京下町的である以上に、松阪的（より関西に近い）条件が今後の考察の課題であるかもしれない。

松阪といえば、梶井基次郎の「城のある町にて」が思い出される。小説として発表されたのは一九二五（大正十四）年だが、その五年前の夏、姉の嫁ぎ先の松阪に逗留したときの体験を描いたものである。一九〇一年二月生まれの基次郎は、当時京都の三高の学生だった。

たしかに町であった。まだ市になってはいなかった。市になるのは一九三三年。だから松阪町であった。だが、由緒のある町であった。三井が出た町である。他にも、小津、長谷川、殿村といった豪商が輩出した。本居宣長は小津家を出自とする。安二郎は流れの末の分家の次男坊ということになるらしい。

しかし、もう城はなかった。城跡であった。城跡の公園であった。だからその町は、正しくは「城のあった町」もしくは「城跡のある町」であった。梶井基次郎がその町に滞在したとき、小津安二郎は旧制宇治山田中学の四年生で、寄宿舎に入っていたが、夏休みには松阪の実家に帰っていたはずである。彼らが町のどこかで遭遇した可能性は、皆無ではない。もちろん、二人とも自分たちの将来を見定めていたわけではなかっただろう。今日、梶井基次郎の文学碑は、彼が散策した城跡の公園にあり、最近になって小津安二郎青春館が旧居のあたりに設けられた。

小津安二郎は後年にいたっても、中学生時代を懐かしむ人であった。彼の多彩な交友録のなかでも、当時の仲間たちは特別な位置にあったようにみえる。その時期が、それだけ彼にとってかけがえのない時間であったということでもあるだろう。中学は出たけれど、二年続けて受験に失敗し、一年間代用教員を勤めた後、彼は東京に去る。小津安二郎、十代の十年は、彼の人格形成期に相当するだけに、映像作品にしか関心をもたない人たちを除き、やはり注目すべき時期なのではないだろうか。

　現在は松阪市と合併したが、代用教員時代の一年間を過ごした飯高町《いいだか》は、これまでもっとも熱心に小津を顕彰してきたところである。生誕百年にあたる二〇〇三年には〝敬慕の碑〟まで建ててしまった。松阪本体でも遅ればせながら、有志の熱意によって、松阪時代の小津安二郎の足跡の探求がはじまっているのは喜ばしい。その過程で近年、彼の子どものころ、青春時代を彷彿とさせるめずらしい遺品や写真が発掘されてきた（隣家の佐野家に残されていたものが多い）。それらは青春館に展示されたりして、地元では鑑賞の便があるが、なお広くファンや研究者に知られていいと考え、その一部を紹介しておきたい。

　ところで、個人の歴史はなにがしかその人が生きた社会、時代を反映せざるをえないものである。小津安二郎の映画作品はまさにその実例であったが、彼がまだ海のものとも山のものとも知れない、無名の若者のときにも、それはあてはまる。そこに歴史のなかの特定の一時期を象徴する標本を見いだすことには、大いなる感興を唆られる。いうまでもなく、最大のものは映画にちがいない。だが、小津と映画の結びつきはあたりまえだから、後回しにしてもいい。時代相を典型的に表示する要素を、映画のほかにも見いだすことができるからである。そのひとつが「ベス単」である。

宇治山田中学時代、親友の乾豊（右）と
（小津安二郎青春館蔵／協力・小津ハマ）。

小津安二郎の写真趣味という話題では、一九三〇年代以降のライカが広く知られている。ところが彼のカメラ遍歴はライカにはじまったのではなく、前史を遡れば、中学生時代にベス単をいじったことがあるという発言が、戦後になって語られた。私は小津自身が持っていたのかと思っていたのだったが、どうやらそうではなかったらしい。ベス単の所有者は別にいたことが最近の調査でわかってきた。松阪市で松阪時代の小津の足跡を調べている白珠真氏によれば、所有者は中学時代の親友である乾豊という人物であったという。

絣の着物に中学の制帽をかぶった小津の写真がある。また同じ格好をしたもうひとりの少年と肩を組んでいる写真がある。このもうひとりの少年が乾豊である。乾の親族のもとに残されていたのだろうか。画調から見て、これらはベス単で撮った写真と思われる。一部が現存する小津の中学時代の日記に、乾宅へ行って、写真を撮してもらったという記述もある（一九一八年一月三日）。

しかし、なぜ、ベス単が問題なのか。それがこの時代を代表するカメラであり、時代を象徴する文化だったからである。後年のライカがマニア向けの高級高額のカメラだったのに対し、ベス単はより大衆的で、カメラ趣味の普及に多大な貢献をしたことで、歴史に記憶される。

ベス単の正式名称は Vest Pocket KODAK。アメリカのコダック社が一九一二年に発売した小型カメラである。蛇腹をたためばチョッキのポケットにおさまるサイズ。単は単玉レンズの意。当時から日本人は言葉を縮めた造語を好んでいたようである。比較的安価のため、世界的に愛用され、アマチュアのカメラ趣味を一挙に拡大したといわれる。ドイツではピコレット、日本ではパーレットという類似商品も出現した。

乾板式カメラと違ってロール・フィルムを使うので、初心者でも失敗が少ないのも人気の理由のひとつだった。「乾板写真機の大なるものを使用するは熟練の後の事として、先ずコダックを以て写真術を練習するは機宜を得たる順序にして、大学に入らんとするには予備校を経なければならぬと同様である」（コダック研究会編『ヴエストポケツトコダック作画法』井上商店、一九一九年刊）。ライカのような高級機が登場しても、買えるのは限られた人々だったから、あいかわらずベス単人気が続いた。といっても、さまざまな改良を加えた新型が次々に発売されたのである。

とにかく、大正後期から昭和初年代にかけては、カメラはベス単の時代だった。写真雑誌も続々創刊される。「カメラ」（アルス、一九二一年）、「フォトタイムス」（フォトタイムス社、一九二四年）、「アサヒカメラ」（朝日新聞社、一九二六年）。大正時代を風靡した「芸術写真」は、絵画的構図を規範に仰ぎ、ソフトな画調が特徴的だったが、ベス単はそれに適したカメラで、極端な方法として、レンズフードを削って拡げたり、または外してしまって、さらに軟調の描写が追求された。「ベス単のフード外し」は、当時の「芸術写真」熱に対応する特異な技法であった。松竹蒲田・大船の脇役俳優河原侃二（サイレント期の小津映画にときおり姿を見せている）は、俳優という以上にベス単の名手として知られ、写真雑誌の常連で、『ヴエス単作画の実技』（光大社、一九三六年刊）という著作もある。

少年小津安二郎は親友の先導で、時代の文化の尖端にふれたのである。

このような写真文化の一時代を打破するものとして登場するのが、新興写真・報道写真であり、その武器になったのがライカだった。小津とライカ、小津と〝ライカの名人〟木村伊兵衛とのかかわりは、「ライカという〝近代〟」(『小津安二郎のほうへ』みすず書房、二〇〇二年刊、所収)で紹介した話題である。しかし、「月刊ライカ」一九三四年一月号、二月号に発表された小津のライカによる写真作品(「兵器」「静物」)には、なお往時の「芸術写真」の影響が残っているように見える(前掲書九七ページ参照)。

時代の文化のなかで小津を見るという視点からは、もう一枚、若き日の姿を記録した写真に、大いに注目しなければならない。それは彼がマンドリンを抱えた写真である。同じシチュエーションの写真が飯高にあり、小津ファンにはよく知られているが、松阪にある写真は別ものである。だが、どちらも、風貌体格に中学生の稚さは消え、おそらく中学卒業後、あるいは代用教員時代のものかと想像させる(飯高のものは「敬慕の碑」にはめこまれた)。

このマンドリンもまた、時代のシンボルなのである。

マンドリンの日本への最初の渡来がいつだったのか、正確にはつきとめられていない。だが、一八九〇年代と推定されている。一九〇三(明治三十六)年に教則本も刊行され、明治時代の末ごろになってとくに学生のあいだに普及しはじめ、各大学にマンドリン合奏団が結成されるようになったという。一九一五(大正四)年には武井守成らを中心に本格

大正11年ごろ、マンドリンを弾く小津
(小津安二郎青春館蔵/協力・小津ハマ)。

的なマンドリン・オーケストラが活動をはじめる。以上は音楽事典の類を参照した知識だが、そのころからマンドリンは知識青年層の趣味、教養のレベルに普及、浸透していったようである。

このような時代のマンドリン趣味を話題にするとき、誰もが連想するのは詩人萩原朔太郎であろう。マンドリンを抱えた印象的な写真が残されている。一八八六(明治十九)年生まれ。詩人と形容したが、この前橋という地方都市の裕福な医院の文化的遊蕩児は、西洋音楽に憧憬し、実践活動も熱心に行った。東京と頻繁に往来するようになった一九一一(明治四十四)年ごろに、マンドリンを習いはじめる。一九一五年、マンドリンとギターの合奏団「ゴンドラ洋楽会」を結成(のち「上毛マンドリン倶楽部」)、指揮者としても活躍する。現在、前橋文学館には、上京の機会に鑑賞した音楽会のプログラム、演奏会で使ったらしい指揮棒や自筆楽譜等が展示され、さらには自らマンドリン用に作曲した「機織る乙女」(A WEAVING GIRL)の復元演奏を、テープで聴くことができる。彼の音楽活動は、一九二五年、東京定住のために上京する際の上毛マンドリン倶楽部の送別演奏会まで続いた。

すなわち、萩原朔太郎の音楽生活は大正時代を縦断しており、その核になったのがマンドリンという楽器であった。その意味で、マンドリンの音色は西洋近代に憧れた大正文化の象徴ともいえるのである。若き小津安二郎にとって、マンドリンは同時代の文化との接点でもあった。
さらに加えて、朔太郎の写真趣味に言及する必要があるだろうか。『萩原朔太郎撮影写真集』（上毛新聞社、一九八一年刊）があるくらい、彼が稀有の写真マニアでもあったことを。前橋文学館には、彼が独習した写真術の書物（書き込みあり）、撮影ノートのほか、日光写真の器具、幻灯機、彼自身が撮影した立体写真から手回し映写機まで展示されている。「彼は明治三十年代に独習によって写真術を習得し、大正期を通じてかなり熱心なアマチュア写真家であったからである。特にステレオ（立体）写真の愛好は晩年まで続き、娘の萩原葉子の回想によれば、よく二階の蒲団に腹這いになって飽くことなくステレオ写真を眺めていたという」（飯沢耕太郎「萩原朔太郎と写真」、「新文芸読本・萩原朔太郎」河出書房新社、一九九一年）

朔太郎の写真術は乾板によるものらしく、ベス単を操る初心者の域を超えていたようである。写真でもマンドリンでも、三十代の朔太郎は、十代の安二郎に比べてはるかに本格的だが、それは彼らの年齢差であるとともに、彼らの家庭の経済的基盤の相違でもあっただろう。しかし、小津もその立場なりに、時代の流行に敏感に反応していたのである。

ベス単（写真）やマンドリンに大正文化のシンボルを見ることが不可能ではないのは、

それらの愛好が、萩原朔太郎や小津安二郎に限られないひろがりをもっていたからである。朔太郎より若い安二郎の世代において、とくにそうであった。

のちにシナリオライターとして小津と浅からぬ関係をもつ北村小松（一九〇一年生まれ）の場合を、『北村小松シナリオ集』（映画知識社、一九三〇年刊）に寄せた牛原虚彦の跋に見る。一九二〇年。本郷座の二階にあった、小山内薫が指導する松竹キネマ研究所。

研究所の二階の裏手には夏の夕、涼をいれるにふさはしい露台があつた。当時ベストのキヤメラとマンドリンをこの上も無く愛好してゐた小松ちやんは、よくその露台へ登つて朗かにマンドリンを弾いた。鈴木伝明、南光明、英百合子、澤村春子、蔦見丈夫なんていふ若い元気な人達が、或はカウ・ボオイの扮装をして、或はすつぱだかになり或は足をふみならして、マンドリンにつれて合唱した。

ここにもベス単とマンドリン。しかも、その北村小松の回想（「映画転換期の片棒」）によれば、同じく慶応の文科の学生仲間だった石坂洋次郎（一九〇〇年生まれ）も、マンドリン愛好者のひとりなのであった。実際、「日本の文学」第五十八巻『石坂洋次郎』（中央公論社、一九六四年刊）の解説ページに、石坂がマンドリンを弾いている一九四九年ごろの写真が掲載されていた。

ベス単とマンドリン。それらに大正という時代のリベラリズム、西洋ハイカラ志向を連想するに不思議はない。もちろん、それらは一部の限られたブルジョワジーの文化、教養ではあった。しかし、裏返していえば、その時代にリベラルでハイカラな文化、教養を享受するブルジョワ市民社会が、限られた形であっても成立していたことを意味するのではないか。若き小津安二郎を被写体とした古い写真が示唆するのは、そのような認識であった。


『小津安二郎・人と仕事』（蛮友社、一九七二年刊）の下河原友雄による小津年譜に、一九二三年、十年ぶりに東京深川に戻った記述に続いて、「弟信三は、兄安二郎の部屋の天井からマンドリンがぶらさがっていたのを憶えている。が、弾いているのは見た記憶がないという」とある。大正から昭和へ。モダン化しつつある首都東京で、小津安二郎から大正ハイカラ文化は消えたのだろうか。

そうではなかったのではないかと、同書に収められた一枚の写真が想像させる。晩年の写真であろう。横浜のバー、マスコットにて。佐田啓二がギターを、小津安二郎がマンドリンを弾いている。それを見た瞬間に、小津に大正の青春が甦っていたのではないか。小津という人間、彼の作品には、大正という時代が生涯を通じて生き続けていたように思われた。

そこで、唐突ではあるが、明治の末の北原白秋の詩のひとふし。朔太郎より一歳年長の親しい先輩による、大正文化の予告篇。

空に真赤な雲のいろ
玻璃に真赤な酒のいろ
なんでこの身が悲しかろ
空に真赤な雲のいろ

大正時代を色で表すならば「赤」というのは、何も私の独創ではない。『座談会大正文学史』の勝本清一郎発言にあり。しかし、小津安二郎が晩年のカラー作品で示した「赤」の偏愛、執着が、彼の内なる「大正」の残照であったという説は、いまのところ私の専売であるらしい。

稚児事件のころ

小津安二郎と映画とのかかわりを考えるうえで、やはり次の新聞記事を欠かすわけにはいかないだろう。「名古屋新聞」一九二〇年七月二十六日。見出しは「山田中学に男色／五名退校十名停学／県当局は絶対斯る事無しと言ふ」とものものしい。

宇治山田中学校内に男色行はれ居る事発覚し今回中村校長は四年生松川英一、山中信蔵外三名を諭旨退校、四年生種木道夫外九名を三日間停学処分となし一段落を告げたり上級生は下級生を圧迫して醜交を続け居たるものにて中村校長が進退伺ひを提出したりとは無根なり右につきて県当局が一切之を知らず絶対斯かる事なしと吉田学務課長の否認せるは余りの事にて呆れて物が言へず（宇治山田）

県当局が否認しようがしまいが、事実であったことに間違いはない。小津安二郎が証人である。彼はこのとき停学処分を受けた「外九名」のうちの一人だった。

いわゆる「稚児事件」。小津の罪状のほどは定かでないが、退学ではなく停学で済んでおり、また彼自身は冤罪を確信していたところからも、事件の主役とは考えにくい。ただ、日常の行動で、教師の側から見て要注意の問題児であったようで、巻添えをくって、疑わしきを罰せられた可能性が高い。宇治山田中学は、一八九九（明治三十二）年に三重県立第四中学校として創立された。一九一六（大正五）年に小津が入学したときには、まだ校名はそのままで、一九一九年八月に改称している。校風は質実剛健を謳われた。生徒が何か問題を起こして退学させられるケースが、必ずしもめずらしくはなかった。男女別学の旧学制時代にはありがちな出来事で、根の深い問題ではないのだろうが、停学処分ともなれば当人にとっては重大な影響を蒙ることになる。まして濡れ衣であってみれば。

級友の置塩高の後年の回想によれば、「本人はそれ程こたえた様子も見えませんでしたが、やかましいT舎監から「停学に処せられた者は寄宿舎には置けない。寄宿舎を放り出されれば退学するのが慣例だ」ときめつけられ、ひどく頭に来たようでした。このT舎監に対する悪感情は終生忘れなかったようです」（『小津安二郎・人と仕事』所収）。松阪に家がある安二郎は、中学入学以来、寄宿舎に入っていたが、この事件で追い出され、以後は汽車通学になる。

その舎監のT氏、実名を槌賀安平という。一九三三年一月十四日の小津の日記に「槌賀安平氏よりの久々の手紙にせつす　勝手のときに手紙などの書ける男は徳〔得〕也」と記されている人物。前々日に別の旧師二人を囲んで、東京で新年会をしているだけに、対照的な態度である。さらに後年、『東京物語』封切後、事件から三十年も経って、級友たちが和解を画策したにもかかわらず、小津は難色を示したという。槌賀安平氏は、小津伝記においてはすっかり悪役のイメージである。『一人息子』や『秋刀魚の味』で、元教師が落ちぶれた姿を見せるのは、そのせいであろうかと思われかねない。

しかしながら、槌賀は実際にはそんなに評判の悪い教師ではない。それどころか、山中（宇治山田中学の略称）の歴史を通じて、卒業生たちが懐かしく回想する先生として、第一に指を屈する人物であった。『母校の人物風土記——第一集』（伊勢新聞社、一九七五年刊）に次のごとき記述を見る。

（略）一生を教育にかけた人だった。この槌賀を慕う教え子たちの手で十年ほど前に「槌賀先生喜寿祝賀文集」がつくられた。金の背文字は知人であった東大名誉教授・大内兵衛が書き、論文や生徒たちの思い出が六百ページにわたっておさめられている。最後の奉職校となった三原高（註・兵庫県）には、校庭に槌賀記念館（研究室）と銅像が建てられた、という。朝早くからドウランをさげ朝熊山や宮川へ。コケと魚の研究は有名で、米有名教授に認められ渡米話しも出た。ツチガゴケの発見者でもある。イタズラをすれば校庭の草取りをさせ、人間教育を目ざした槌賀。

「きびしくって温情があり、ユーモアもあった。教育者としては最高」。伊勢の薬局店主・平増次郎（昭和2）はいう。

槌賀はなかなかすぐれた教師であったと思われる。もしかしたら『父ありき』の主人公のごとき人物だったかもしれない。やはり問題は小津生徒のほうにあったのではないか。置塩の文にいわく「こうして三年生ごろまでは平凡にうち過ぎましたが、四年生ごろから時々寄宿舎の掟を破ったり、クラスの音頭を取って騒ぎを起こしたり、かくれて映画を見にゆくようになりました」と。しかも、彼は下級生に対して、〝醜交〟はなくても、〝圧迫〟を加える上級生ではあったらしいのである。同じく級友で寄宿舎でも一緒だった中井助三の回想（「中学生時代」、『小津安二郎・人と仕事』所収）のなかでも「下級生にことさら威厳を示した」という表現があるが、より具体的な説明を『母校の人物風土記——第一集』で読むことができる。回想者は二年後輩の藤原実。

大正のころ山中には寄宿舎があった。が、通学組もいた。松阪から通っている群の中に、こわい五年生がいた。時々、腕力をふるうこの暴君、旧制名古屋高工《〔ママ〕》を受験、見事にすべった。いつもいじめられていた下級生は、やんやのかっさい。小津は進学をやめて松竹へはいって行った。在学時代から映画好きで、モグリでよく映画館に行った。映画監督としてはわが国、最高の一人だった。芸術院会員でもあった。（略）あのころの〝けんか学生〟が映画史に名を残す大監督になろうとは、当時、誰も思わなかった。

これは小津が寄宿舎から追放されて以後の時期であるが、このような行動がそれ以前からめだっていたとすれば（煙草も吸うようになっていた）、槌賀のような熱心な教師（彼も当時は若かったのだから）に不良生徒とみなされても不思議はない。〝事件〟への関与が、小津の主張どおり無実だったとしても、処分はたぶん彼の日ごろの行動に起因したのであったろう。下級生からの評判など、従来の小津伝説を多少修正すべき事実かもしれない。とにかくそのように考えると、彼の永年の怨念もいささか逆恨みめいてもみえるのだが、思い込みの執拗さがいかにも小津らしいといえばいえるだろうか。いずれにせよ、追放は結果的に解放となり、彼を映画の世界へと走らせ、ついには製作の現場へ誘い込むことになったのだから、小津の人生にとって、槌賀安平氏は逆説的に最大の恩人でもあったのではなかろうか。

たしかに、当時の小津を知る人々の目に、厳格な規律に縛られた寄宿舎生活から放たれた安二郎少年は、傍若無人といえるほどに、映画熱を一気にエスカレートしていったとみられている。今日、当時の小津の日記のうち、一九一八（大正七）年と一九二一（大正十）年の現存が確認されているが、一九一八年（三月まで中学二年、四月から三年）には映画を見たという記述がまったくないのに対し、一九二一年（三月まで中学五年、四月から浪人）にはしばしば映画を見たことが記録され、しかも日記らしき記述は六月十九日でいったん中絶して、残りは映画関係（とくに映画館プログラムの収集、交換）のメモにあてられ、日記らしき記述は僅少になってしまう。

中学二、三年のころと中学五年以後のこの落差は、先の置塩高の証言を裏付ける。寄宿舎を出てからの小津は、置塩の形容では「悪く云えば乱暴そのもの、よく云えば青春の奔騰とも称すべき状態」だったようだが、その関心の中心に映画が存在したことは、疑いを容れない。しかし、すぐさま映画製作の世界に飛び込むつもりがあったかどうか。一九二一年三月七日、宇治山田中学卒業の日の日記に「此の日婆婆の学校と縁をきつた　永久に」と書きつけたとしても、彼は兄新一が進学していた神戸高商ともう一校、名古屋高商を受験しており、「この時点で彼が進学の意欲に燃えていたことはあきらかである」と中井助三は観察していた。「相当の自信をもって」いたにもかかわらず両方とも不合格で、彼にいじめられていた下級生たちの溜飲を下げさせた結果は、前記引用のとおり。

しかし考えてみれば、彼が入学を志望した神戸や名古屋などの大都市では、松阪にいるよりも、新しい映画を早くたくさん見られるということでもあった。それが彼の進学希望の理由であったとは思えないが、彼が受験に行ったついでに、神戸・大阪、名古屋で映画館にも足を伸ばしたのは事実だった。そのころの小津がどんな映画を見ていたかは、小津に関心をもつ人々にはもっとも知りたいところであろうから、次にまとめて紹介するつもりだから、ここではその予告篇として、受験に行った先で見て記録した映画の題名だけでも列挙しておこう。

一九二一年三月十四日。神戸。試験初日。キネマ倶楽部。『暗号の四美人』『嵐を衝いて』『鳥人獣人』。

三月十六日。同。試験最終日。第一朝日館。『魔の湖』『龍の網』『ラ・ラ・ルシル』。同じく松本座。『仏蘭西万歳』。

三月十七日。大阪。敷島倶楽部。『肉弾の響』『鉄窓を出て』『天空の女』。

三月二十三日。名古屋。試験前日。世界館。『離婚の道に』『消ゆる短剣』『感激の一夜』。三月二十五日。同。試験二日目。世界館。『仇し女に』『消ゆる短剣』『西方の勇者』。以上、『感激の一夜』（スウェーデン映画）以外はすべてアメリカ映画。日本もの上映館には足を向けていない。

こんな調子では受験に失敗して松阪にとどまることで、映画への憧憬はいっそうかき立てられたであろう。地方都市在住のハンディキャップを補うものが、プログラム交換による情報収集であった。小津の映画知識はそれに負うところも大きい。一九二一年の日記帳の後半を潰して書き込まれた交換名簿のなかには「東京府下雑司ケ谷亀原卅七　古川緑波」という名前も見いだせる。同じく巻末には十二人のスターの出演作品リスト、その年一月から七月までに見た映画のリスト、さらにはスターの住所録（英語）が書かれている。それらを検討すれば、彼の映画ファンとしての好みや世代をある程度想像できる楽しみがある。おそらくそれらは、彼が友人たちと語らって、七月二十七日に創立した映画研究同好会 EGYPT CLUB のための資料でもあったのだろう。

このような行動は、もちろん小津安二郎ひとりの問題ではない。そのころ、映画に魅せられた若者たちは、全国で相似た活動を行っていた。彼らは自ら「活動狂」と称した。まだ映画というよりは活動写真という言葉で流通していた時代である。大正時代の映画少年がたどるべき道程を、小津もまた必然としてたどったのだが、彼の場合、寄宿舎追放と受験の失敗という二度の挫折が、それに拍車をかけたのである。

しかし、上には上がある。マニアックな度合では小津といえどもシャッポを脱がざるをえないのが、先に名前を出しておいた古川緑波である。彼こそまさに活動狂の呼称にふさわしい存在で、その「狂《マニア》」ぶりを知ることで当時の映画少年の生態が理解できる。その意味で彼の「活動狂時代」(「映画ファン」一九四〇年六月号)は貴重な文章である。

中学一年から卒業まで。

その頃のわれ〳〵は、自分たちのことを、ファンとは謂はず、活動狂とか活通とか自称してゐた。

まことに、ファンなどといふ生やさしいものではなかつたのである。

ロッパは小津安二郎と同年の生まれ。ただ映画に傾倒したキャリアはもっと古い。小津が柔道部の稽古に打ち込んだり野球で遊んでいた中学二、三年のころ、ロッパはすでにいっぱしの活動狂になっていた。しかも、「毎週封切される外国映画は、一つ残らず全部見た」。当時、浅草の外国映画封切館は、帝国館、キネマ倶楽部、電気館の三館で、毎週番組が替わる。「全部見ないと夜も眠れない思ひなので」無理をして見る。学校はエスケープの略)。プログラムに投稿して掲載されれば、次週の入場券を送ってもらえる。そのために毎週毎週投稿する。そのうち館の従業員(弁士など)と親しくなって、無料入場の顔になってしまう。そのくらいのことは、小津も松阪の神楽座あたりでは実行しただろう。

もちろん、映画を見るのは活動狂の第一段階にすぎない。映画館のプログラムや映画雑誌(いずれも映画ではなく、活動という言葉を冠していた)に投稿する(たしかに当時の活動雑誌の投稿欄に、古川緑波の名をしばしば見る)。日記を見ると小津も地元の「南勢新聞」などに投稿したようである。

「それだけでは、まだ物足りないとあつて、自分で謄写版の雑誌を初める。所謂ガリ版雑誌、鉄筆でガリ〳〵書いて、インクだらけになつて自分で印刷したものだ」。小津たちのエジプト・クラブがこれに相当する。いろいろやっていたのである、そのころは。

だが――。

活動狂の資格は、まだ〳〵そんなことでは、不足である。

外国映画俳優に、習ひ立ての英語で、怪しげな手紙を出し、あちらから送つて来る原画といふ奴を、蒐めることも、資格の一つだ。

その他、プロマイドの蒐集、プログラムの蒐集から、フイルムのコマを集めるのもその一つだつた。

これも小津は大いに努めたようである。四月十八日の日記に「待つてゐたルス、ローランドから写真が来た」と記している。日記巻末の英語のスター住所録は、このために調べたのだろう。ルス・ローランドは『赤輪』や『ロッキー山のルス』など、連続活劇女優としてパール・ホワイトと人気を二分するスターだった。

このへんまでは、活動狂の多くが試みたこと。ロッパの並外れたところは、実はその先にある。

又、僕などは、映画音楽の猛烈なファンで、と言っても、その頃は、無論サイレント映画のこと故、音楽はボックスから響く、ナマの音楽である。

それを、客席の一ばん前に陣取つて、オーケストラ・ボックスの譜面を見て、その題をノートしたり、連続映画の伴奏曲など、全部ソラで、そのメロディーを憶え込んでしまったものだ。

そればかりではない。サイレント時代の映画好きには、さらに別の楽しみがあった。映画説明者（弁士）の存在である。

又、弁士の研究も、活動狂の一つの課題で、名弁士の名文句は、皆ノートブックに写し込んで置いたものだ。

これぞ真正活動狂。実際、大正中葉のそのころ、浅草の活動写真常設館では、玉井旭洋、林天風、生駒雷遊といった花形説明者たちが、名文句、名調子を競い合った時代だった。さすがの小津安二郎も、そこまではついていけない。

ところが、それほどマニアックな古川緑波にして、十年ののちには、その代表的な名文句、ユニヴァーサル社ブルーバード映画『南方の判事』の結びの部分を語ったのが、林天風であったのに、生駒雷遊と取り違えてしまうのだから（「青鳥《ブルーバード》の想出を語る会」、「映画時代」一九二七年四月号）、人間の記憶はあてにならない。生駒ものちにこの映画を語ったが、文句は彼なりに変えていた。林天風の語った『南方の判事』は、大正の特異な活動狂時代のひとつの象徴である。小津安二郎の映画体験も、大きく見ればその時代の気分のうちにあった。

　灰になれ、灰になれ、とドース少年は手紙を焼いた。さうした時に、恋こそ誠なれと相擁する二人に、静心なく花は散る——朧々の宵闇に、千村万落春酣《た》けて、紫紺の天には星の乱れ、緑の池には花吹雪、春や春、春南方のローマンス、題して南方の判事全五巻！

小津安二郎にせよ古川緑波にせよ、大正時代の活動狂は、多く十代の少年たちであった。彼ら若いマニアたちの生態を考察した「活動狂の心理」という文章を、帰山教正が「活動画報」一九二〇年十月号に書いている。帰山は映画の研究家であり実践者であって、それまでの日本映画が芝居を写し取るだけだったのに対し、外国映画の構成法に則って革新的な試作『生の輝き』『深山の乙女』（ともに製作一九一八年、公開一九一九年）を製作し、日本映画史に特筆される人物である。小津やロッパより十歳年長だった。

彼が観察したところでは、活動狂といわれる人たちは、年齢的には十四、五歳から二十二、三歳までの青少年に多いという。彼の論旨を知るには次の一節を見れば事足りる。

活動狂なる部類に属する者は一般に不良少年ではない何れかと云へば極く道徳的に正しい（行為に於て）者が多い、只多くは精神的に或る陥欠を有した空想家が多い。活動狂の心理状態の根源に溯つて見ると多くは青春期に於ける性欲の変態と認められる場合が随分多い様に思はれる。只それが明かであるのと明かでなく別な型式としてあらはれてゐる場合とがある。

外国の女優に手紙を送り、写真を貰つて喜び、その女優の独身か否かを調査したりする。そしてその女優の姿を夢に迄見て、毎日それにあこがれてゐる様なのは正に恋愛の変態と見ることが出来る。

心理学をふりかざすあたり、いま読めばあたりまえの解釈でも、大正のころには時代の新人の意見であったろうか。小津安二郎の症状と照らし合わせて、むろんすべてがあてはまるはずはないとしても、遠からざる場合も見いだせるのではないか。帰山はまた、活動狂の性質は温順、無口で、女性的、空想的と記している。これは一見、小津安二郎少年とは正反対と思えるかもしれない。しかし、彼がときおり発揮したといわれる暴力性は、むしろ内面の傷つきやすさをかばう反動であったと考えれば、小津に対して過度に同情的とされるだろうか。だが一方で、彼は十分に空想的な少年ではなかっただろうか。

要するに、小津安二郎が少年期に示した性向のもろもろは、青春の発現であったといえる。「稚児事件」なるものに彼は無関係であったとしても、万が一無関係ではなかったとしても、それは青春の一時期の一過性のものであったと考えられる。暴力もまた同様。それらが性癖として定着すれば、レッキとした不良少年と化したわけだが、彼はその前に踏みとどまった。そこに映画があったからである。むろんそれとても、厳格なるT舎監にとっては許しがたい逸脱だったろうが。とにかく小津安二郎は、映画の発達とともに、彼自身が人間的に成長していくことができた、幸福な時代の人であった。

セヴンティーンの鑑賞記録

小津安二郎の日記は既刊の『全日記　小津安二郎』（フィルムアート社、一九九三年刊）に収めた一九三三（昭和八）年以降のもののほかに、それ以前の一九一八（大正七）年と一九二一（大正十）年の日記が近年になって発見されている。そのうち一九一八年のぶんでは映画を見た形跡が存在しないのに、二一年にはしばしば映画館に足を運んだ記述があり、後半になると日記帳はほとんど映画関係（とくにプログラムの収集交換）のメモに使われてしまっていた。

少年小津安二郎はどんな映画を当時見ていたのか。少なくとも一九二一年の一月から七月までは、日記帳の巻末に彼自身が作成した記録によって知ることができる。だが、そんなことを知ってなんの意味があるだろうか。そこに挙げられている映画題名の数々に、映画史上の名作、傑作と認識される作品はなきに等しい。忘れられた、雑草のような映画ばかりである。追憶に発する感興を、それらに誘われる世代がこの地上にどれだけ残っているだろうか。そして、おおかたの映画の研究者は、誰にも評価されず、なんのメリットもない知識を必要とするほど成熟しているだろうか。

小津安二郎はどんな映画を当時見ていたのか。それを知ることに、何かの意味があるであろうか。おそらくたいした意味はない。無用の知識なのだろう。だが、当面の役には立ちそうもない、それゆえ必要とされない知識こそが、かつては文化であったのではないか。とりあえず、文化の可能性ではあった。もちろん、大正時代の地方都市（文化的伝統はあったとしても）の「活動狂」少年が見た映画がいかなるものであったか、それを知ることがそのまま文化的行為であるわけもないのだが、彼がのちに文化的存在に成長したことが確かであるとすれば、まるっきり無用の知識ともいえないはずである。何が、いつ、有用の知識に転ずるか、それは発想の問題であり、そこに逆転のスリルがある。そのために無駄ごとが蓄積されなければならない。映画づくりにＮＧが必要なように。だが、真におそるべきは、ついに無駄に終始した無駄ごとの豊かさなのである。

閑話休題。

一九二一年、満十七歳（一九〇三年十二月十二日生まれ）の小津安二郎の映画鑑賞記録より、日付、題名、映画館名を列挙しておく。ほとんどアメリカ映画だが、それ以外の国の映画も少々紛れ込んでいる（『感激の一夜』はスウェーデン映画、また『海の彼女に』はイタリア映画か）。もっとも、日記本体の記述を見ても、日本映画にはまったくといっていいほど無関心である。また、彼は製作会社と主演男女優も記録しているが、それらについては、追々適宜必要に応じてとりあげることにする。題名はほぼ原文のまま（誤記を含めて）とした。なお、先に記したように、彼はこの年三月に宇治山田中学を卒業し、神戸と名古屋の高等商業学校を受験したが不合格で、四月からは浪人の身分であった。


一月（日記によれば一月二日）より。『戦闘の跡』。松阪・神楽座。

二月十七日。『アラスカ地獄犬』。松阪・神楽座。

二月二十八日。『蔭武者』。松阪・神楽座。

三月三日。『知らねばこそ』。松阪・神楽座。

三月九日。『呪の家』。松阪・神楽座。

三月十四日。『鳥人獣人』『嵐を衝いて』『暗号の四美人』。神戸、キネマ倶楽部。

三月十六日。『ラ・ラ・ルシル』『魔の湖』『龍《たつ》の網』。神戸・第一朝日館。『フランス万歳』。神戸・松本座。

三月十七日。『鉄窓を出で、』『天空の女』『肉弾の響』。大阪・敷島倶楽部。

三月二十三日。『離婚の道に』『消ゆる短剣』『感激の一夜』。名古屋・世界館。

三月二十五日。『仇し女に』『西方の勇者』『消ゆる短剣』。名古屋・世界館。

四月十四日。『黄色旅券』。宇治山田・帝国座。

四月二十四日。『男の一言』。津・大正館。

五月五日。『蚊トンボスミス』『ヘレン・ケラー実伝』。松阪・神楽座。

五月二十二日。『ドグラスの蛮勇』。松阪・神楽座。

五月二十六日。『奮闘の好機』。松阪・神楽座。

七月八日。『コンクリンの番頭』。松阪・神楽座。

七月十日。『海の彼女に』。松阪・松阪座。

七月十三日。『ロイドの運試し』。松阪・神楽座。

七月十六日。『軍国の女』『鉄火のネル』。津・松竹館。

七月十七日。『迷路の秘密』。松阪・松阪座。

以上が七月までの記録であるが、その後、思い出したようにごくまれに記された行動記録から、次の映画の鑑賞が確認できる。

八月八日。『北の掟』。松阪・神楽座。

九月三日。『唸る鉄腕』『脅かす女』『愛の為に』。名古屋・太陽館。『高原の熱血児』『夜会が終ってから』『断崖』（牛原虚彦監督の松竹蒲田映画で、原作は徳田秋声の新聞小説）『無人の都』。名古屋・千歳劇場。

九月四日。『海底の国宝』『男嫌ひ』。名古屋・港座。『阿修羅の如く』。名古屋・ニコニコ座。

同じころ、東京で封切られる外国映画をすべて見まくっていた古川緑波には、むろんおよぶべくもないが、それでも彼の置かれた立場では、善戦敢闘したのであろう。当時の映画館では一本立て興行はなかったはずなのに、一本しか見ていないようなのは、他に見ても記載しなかったのかもしれないが、割引の時間になるのを待って、ラストの一本だけ見たとも考えられる。

しかし、このリストを一見して感じるのは、見たことも聞いたこともない題名が大半を占めていることである。実際、この四十年近くというもの、努めて古いむかしの映画の上映の機会に接してきた私にして、ここに挙げられた作品は一本も見ていない。監督だの出演俳優だのはその気になれば調べはつくが、それにしてもいまとなっては、あとかたもなく忘れ去られた無数の映画たち。映画とは、じつに巨大なる無駄ごとの世界であった。だが、それらの無駄ごとのうえに、映画の伝統が築かれたのでもあった。十七歳の小津安二郎の鑑賞記録は、多かれ少なかれ、彼の世代の映画少年たちに共通するのであろう。そして、とくに日本では、彼らの世代が映画を文化財として確立したのである。小津の体験は彼ひとりの問題にとどまらないという意味で、珍重すべき記録であり、ひとつのサンプルとして検討に値する。

日本語映画（と正確に認識したい）の最良の時代が、一九三〇年代と五〇年代にあったという通説は、やはり動かしがたいところであろう。日本映画（と以後は便宜的に略記する）は一九二〇年代に入ってようやく進展し、三〇年代に開花期を迎えた。そして四〇年代。四五年を境として、前半と後半とで正反対の相貌を示しながらも、ともに物心両面の窮乏を露呈した時期を乗り越えて、五〇年代の質量ともに全盛の時代を達成する。だが、そこに確固として存在したかにみえた大衆的支持基盤は、六〇年代以後失われていく。たぶんいまでは、日本映画は民衆的主題では、すでになくなっている。三〇年代や五〇年代の日本映画の世界にあった無駄を浪費する余裕がもてなくなったのである。

日本映画の黄金期のバックボーンは、一九三〇年代から五〇年代にかけて、大量の無駄ごとのなかで、第一級の仕事をした人々によって形成された。おおむね一九〇〇年前後に生まれた世代である。

固有名詞をいくつか挙げてみよう。一八九八年生まれの溝口健二、伊藤大輔、内田吐夢。一九〇二年生まれの五所平之助、田坂具隆。一九〇三年生まれの小津安二郎。一九〇五年生まれの成瀬巳喜男。そこに衣笠貞之助（一八九六年生）、清水宏（一九〇三年生）、稲垣浩（一九〇五年生）、豊田四郎（一九〇五年生）、マキノ雅弘（一九〇八年生）らを加えてもいい。彼らは三〇年代から活躍してきた映画監督である。四〇年代に登場した、あるいは活動が本格化した人々（吉村公三郎、今井正、黒澤明、木下恵介ら）は、ここでは考慮の外に置く。三〇年代に大きな実績を残した島津保次郎（一八九七年生）、伊丹万作（一九〇〇年生）、山中貞雄（一九〇九年生）は、五〇年代まで生きのびることができなかった。

彼らに同伴した映画批評も、同じ世代の人々によって本格化した。たとえば、森岩雄（一八九九年生）、飯田心美（一九〇〇年生）、内田岐三雄（一九〇一年生）、飯島正（一九〇二年生）、岩崎昶（一九〇三年生）、岸松雄（一九〇六年生）、筈見恒夫（一九〇八年生）など。

後年の知識から見れば、ここに森岩雄の名前があるのが奇異に感じられるかもしれない。一九三〇年代以降の彼は、P・C・L、その発展としての東宝の映画製作の重鎮として生きたからである。しかしながら、森岩雄はそもそも熱烈な映画好きであり、しかも早い時期に他にさきがけて、同時代の映画に関して篤実な研究を実践していた人物であった。その彼の若き日の映画研究が、八十年あまりのち、後世が追体験することが困難な一九二〇年前後の日本（東京）の映画状況を想像するうえで、貴重な参考資料、得がたいガイドブックの役割を果たす。当然、そこに小津安二郎の一九二一年の映画体験も重なってくる。じつをいえば、しばらくいろいろな人名を列挙してみたというのも、この森岩雄の仕事を引き出すための回り道であった。つまり無駄ごとをあえてしてみたわけである。ともすれば小津に限定されがちな小津に対する関心のあり方、他の主題もしくは他の領域の研究においても共通する無駄や逸脱の欠落、視野の狭隘に対するアイロニーとして。

フィルムライブラリー協議会が一九七六年から七八年にかけて四分冊で刊行した「日本映画史素稿　別冊」、森岩雄・友成用三著『研究資料　活動写真大観』は、タイプ印刷ながら四冊合わせて四五〇ページを超える。森が一九一九年から二〇年にかけて書きおろした著作だが、当時は出版を引き受けるところがなく、そのまま放置されていた。森が単独で執筆したが、半世紀あまりを経て陽の目を見るにあたり、彼は大きな影響と直接の示唆を受けた先輩を共著者として立てたのだった。

話題を小津に戻そう。

一九二一年一月二日。松阪。

夜は乾を誘ひ神楽座にウイリヤム、ダンガン、カロル、ホエルの共演銘打つて戦闘の跡を見に行く、帰つて尾張屋に行つて安倍川をよばれる。

正月である。旧制中学五年生の小津安二郎は、いちばんの親友だった乾豊とともに、家から程遠からぬ神楽座に映画を見に行った。連続活劇『戦闘の跡』。アメリカ映画。ヴァイタグラフ社製作。主演はウィリアム・ダンカンで監督も兼ねる（小津はダンガンと誤記）。共演女優はキャロル・ホロウェイ。この日、小津たちが見たのは全十五篇中の第一篇と第二篇である。この年の彼の映画体験が、大正の映画少年らしく、まず連続活劇ではじまったのは、いかにも象徴的である。この時代、連続活劇が「活動狂」の第一課だった。

それでは連続活劇とはいかなるものか。森岩雄は「連続劇」としてまとめて、なかには正劇や喜劇もあるが、ほとんどは活劇か探偵劇であると記し、またそのように迎えられたのだから、このジャンルを連続活劇と称したほうがわかりやすいと思われる。とにかく「一個の劇的事件を三十巻から四十巻の長尺で解決させる映画」で、「異様な人物、五里霧中の奇怪な事件、軽業師の様な離れ業など、全篇劇筋の発展と言うよりは、不自然でも強いて、「やま」を作り上げてゆくと言うやり方で、人々の興味をそそって行くものが数多」だった。そのストーリィの常套は「主人公を危機に陥入れ、死？　生？　という間一髪の所で篇を閉じ、次は来週上場の篇で紹介すると言う、日本の講談の様に、「お後は明晩」と言った調子が普通」。一篇は二巻から成り、日本の映画館では二篇ずつ（ときには三篇以上ということもあった）番組替わりで封切っていく形が多い。第一篇だけはプロローグ的な部分も付いて三巻という例もあり、『戦闘の跡』も十五篇三十一巻、初篇三巻である。だから、小津が一九二一年一月二日の日記に、一、二篇四巻と欄外に記したのは誤りか、もしくはカットされていたのか。

日記によれば、この映画は神楽座で二月まで七回に分けて上映されたが、東京ではそれより二年も前に封切ったものである。浅草の電気館で、一九一九年一月十九日に第一篇から第四篇まで、一月三十日に第五篇から第七篇まで、二月九日に第八篇から第十篇まで、二月十九日に第十一篇から第十三篇まで、二月二十八日に第十四、第十五篇というペースで封切られていった。最初の封切前、「都新聞」に紹介が載っているので、ひとつのサンプルとして転記してみよう。

過日写真を紹介したウア《ママ》イタグラフ会社の作「戦闘の跡」は主役ジヨン、ギンに扮するウヰリアム、ダンカン氏が指導して作つた卅一巻総て闘争を以て終始一貫してゐる連続劇でナン、ロートン（カロル、ホローウエー嬢）とて加州ロストマイン砿山（新砲弾の火薬の原料産地）の所有者の美人と砿山を併せて奪はんとする独逸の姓名なるヘンドリツク、フオン、ブレツク（ウオルター、ロジヤース氏）と其の股肱で残忍なる切られのロールズ（ジヨーヂ、ホルト氏）靴紐のドラント（ジヨー、ライアン氏）とが部下を率いて根気よく迫害し来るに対し快青年ジヨン、ギン（ダンカン氏）が不撓不屈の闘争を続ける筋で各一篇毎に闘争の形式が変化し格闘の全部が立廻り式でなく負傷を何とも思はぬ活劇俳優の中でもダンカン氏の如きは勇敢なる俳優である此のヒルムは一週間後に封切興行がある

（一九一九年一月十六日）

ウィリアム・ダンカンという活劇俳優を、森岩雄は「愉快げに悪漢を追いつ追われつしている」と形容しているが、この作品で連続活劇スターとして登場した彼の主演作は、さらに『肉弾の響』『鉄腕の響』『唸る鉄腕』が次々に公開される。『肉弾の響』『唸る鉄腕』も一九二一年の小津の鑑賞記録に残された題名である。〝暴力中学生〟小津安二郎少年のヒーローだったのかもしれない。

このように固定した人物配置でひとつのストーリィの流れを数十巻にわたって展開する形態をシリアルと称するのに対し、篇ごとにストーリィが完結するのをシリーズといって区別するが、当面の話題たるシリアルのジャンルの最初の作は、アメリカで一九一三年十

二月二十九日に初篇が封切られた、シーリッグ社製作『カスリンの冒険』(十三篇二十七巻、主演カスリン・ウィリアムズ嬢)である。そしてたちまち大流行し、やがて日本にも上陸する。

『カスリンの冒険』も日本に輸入公開されたが、一九一六年二月と遅れたため、一番乗りは一九一五年九月三十日に初登場のユニヴァーサル社『マスターキー』(十五篇三十巻、電気館封切)に奪われてしまった。

しかしながらとくに熱狂的な人気を呼び、連続活劇ブームを盛り上げたのは、その一月後に出現した同社の『名金』(二十二篇四十四巻、帝国館封切)であった。「日本の連続写真趣味は名金によって完全に世人に理解せられたのである」(「日本に於ける連続写真の沿革」、「活動之世界」一九一七年三月号)。半分に割られた古金貨をめぐる波瀾万丈の謎と冒険のストーリィを紹介していては、先に進まないから省略せざるをえないが、監督主演のフランシス・フォードの弟ジャック・フォードが悪漢役で出ていたという。しかし、後年の大監督、ジャック改めジョン・フォードの若き日の姿は、いまとなっては見ることができない。この作品で売り出したのは、従僕役でサーカス出身の活劇俳優エディー・ポロで、この後彼を主役にした連続活劇も次々に製作された。

『名金』には和製・翻訳ものやノヴェライゼイションも続出した。数年前の『ジゴマ』以来の人気だった。かくて日本でも、本場アメリカに負けず劣らずの連続活劇ブームが到来する。たしかに同時代の日本活動写真、たとえば尾上松之助の忍術ものに比べて、テンポ、サスペンス、アクションなど、すべての面で、はるかに「映画」になっていただろうとは、容易に想像できる。そしてこのブームの中から、活劇女優という新しい（女性の）タイプが生まれる。その代表的存在が「連続活劇の女王」といわれたパール・ホワイトであり、その対抗馬と目されたルス・ローランドであった。彼女たちのように美貌でありながら心身ともにエネルギーに溢れ、活発、能動的な女性像が日本でも多大な人気を博したことは、どこかで人々の女性観を揺り動かす影響をもたらしたのではなかろうか。それは十分に「大正」的な出来事であったように思われる。

そこで、往年の連続活劇女優の活躍を偲ぶべく、小津安二郎少年も松阪で見たパール・ホワイト主演、米パテー・アストラ映画（アストラはパテー傘下の製作会社）『呪の家』二十篇四十巻（監督ジョージ・B・サイツ）のストーリィの一部を紹介したい（「活動画報」一九一九年六月号による）。この映画も東京では二年前の四月から順次封切られたものであった。当時、首都と地方都市とでは、それくらいの時間差があったものか。

第一篇　怖ろしき覆面

　ワルドン武器工場主ワルドンは娘パールの配偶者を甥へーネズと定めたが、甥の配偶者とならんと欲せし者が脅迫状を送る。ワルドンは探偵を呼び明日事情を語らんと別れしが其夜彼は怖ろしき覆面の人の為に殺され、パールの身も危険になる。

第二篇　虎視眈々

　危険なりしパールの身はグレシャム探偵等に依りて助けられ、家に帰つた時悪人を発見し射殺したが、彼は犯人でなきことを自白す。秘密書類の金庫を開かんとせし者を写した種板をパールが現像中、覆面の人入り来り二人は格闘をす。

第三篇　女の不実

　格闘中種板は毀されたがパールはグレシャムに助けられる。パールがグレシャムの家を訪ねた時ナオミは女の来客ある様に見せて彼女に嫉妬心を起さす。覆面の人はパール等に追われグレシャムを見付け、彼を仆《たお》し上衣を被せて逃げる。パールはグレシャムを真の犯人と思う。

第四篇　ジァヴから来た人

　グレシャムの嫌疑は再び覆面の人現れたるに依り晴る。ジャヴから来た人ピートは覆面の人の名を知りパールに知らしめんとしたが、彼は覆面の人に殺されパールも殺されんとす。
第五篇　敵は内部に
パールは再びグレシャムに助けられ家に帰る。アーマンド大尉は亡ワルドンと契約せんとせし武器の注文に来り、グレシャムと契約をす。フォル男爵はグレシャムの家に至り秘密を探らんとせし時、パール来りしが又覆面の人現れ男爵を殺しパールをも殺さんとし、二人は争う。
第六篇　人間を的に
グレシャム来りパールを助け覆面の人を追い自動車の番号を認めたが、覆面を捕えることはできなかった。アーマンド大尉に売る武器の試験を行なわんとしたるに覆面の人現われ、グレシャムの居る試験室に向け発射し、彼の身はあやうし。
ストーリィはこの後いよいよ佳境に入り、工場の爆破とか無人島への漂着とかあって、奇想天外、荒唐無稽の度を増し、パールの運動量もますます過激になっていくのだが、全巻の終わりまでつき合ってもいられないから、ここでは慣例に従って、「おあとはまたのお楽しみ」にしたい。

とにかく、この種の連続活劇が、当時どれだけつくられ、お客に喜ばれたか。森岩雄が記録したところによれば、日本で公開された一九一五年から一九二一年までのタイトル数は次のようになる。

一九一六年まで、十八。一九一七年、二十。一九一八年、九。一九一九年、十三。一九二〇年、三十二。一九二一年、三十六。

これだけの数が次から次へと日本中の映画館に行きわたっていったのである。ブームはさすがにこのへんがピークで、以後は減少したとはいえ、一九二〇年代中ごろまでは生き残っていたのだから、大正という時代のひとつの風物であったにはちがいない。小津の鑑賞リストからも、『戦闘の跡』や『呪の家』以外に、さらにいくつか拾うことができる。『暗号の四美人』『龍の網』『肉弾の響』『消ゆる短剣』『迷路の秘密』『唸る鉄腕』『無人の都』『海底の国宝』。

このなかで特筆すべきは『龍の網』である。ユニヴァーサル社の製作で、アメリカのメジャーの映画会社が本格的な日本ロケーションを敢行した最初の作品なのである。一九一九年十月三日。彼らの到着の模様を翌日の「都新聞」の紙面に読む。

三日午前八時半シアトルから入港した郵船諏訪丸で米国ユ社の連続劇撮影団が到着した、

一行は花形のマリー、ウヲルキヤンプ（廿二）を中心に男優はエツチ、タツカー氏、ダブルユー、ハリス氏、オー、リーデラ氏と監督ヘンリー、マツクレー氏以下撮影技師俳優で十四名だ

◇船内撮影　もして来た相だが上陸直ぐに岸壁辺の場面を撮影する予定で主要人物の四人共舞台姿をして居た、女優ウヲルキヤンプは帝国館や金春館で「赤手袋」「獅子の爪」「ダイヤの一」「快漢ロロ」などの呎画《ひるむ》で紹介されて居るが背の高い痩ぎすの愛嬌の好い婦人だ沖まで出迎へた人や岸壁で大勢の人達がウエルカムの小旗や

◇赤手袋の　大看板まで引張り出しての歓迎振りに「余り嬉しいから長い航海の労も忘れた」とか「こんな好い景色の日本に死ぬまで居て見たい」など素晴しいお世辞を播いた、驄て船が岸壁に着くと待疲れた出迎ひ人はドヤ〳〵と上船して来て握手を求めるユ社支店、小林、喜楽座の佐々木其の他から

◇花籠花束　が山程贈られるなど盛んなものだ、扨て一行の来た目的は「パート・オブ・ライナチース」（老子の花びら）と云ふ映画劇に日本と支那を背景にする為で筋は興行の秘密とあり明かさなかつたが船内や岸壁で撮つた物を綜合すると善球と悪球の組があつて双方支那へ

◇宝物探検　に行く途中偶然にも同じ船へ乗り合はせたので色々な活劇を演ずるものら

しかつた。生憎岸壁に着いた時は雨が降つて居たので霽《はれ》た十一時頃から撮影したが旨い物だグランドホテルで少憩後午後二時桜木駅から電車で上京し三時に着いて幹部は帝国ホテルに以下はステーションホテルに投宿した日本の滞在は三週間の予定それから支那の北京を中心に撮影し都合に依つては朝鮮にも行き更に満洲へ渡り来年四月桜の咲く頃再び来朝悠々見物して帰米するさうな

さて、一行は翌日は浅草に現れて撮影を敢行した。その模様は「東京朝日新聞」五日夕刊が報じている。

『八つの花弁《はなびら》』と題する活動写真撮影のため、わが愛活連にお馴染深いユニヴアーサル会社の美しいウオルカムプ嬢の活動俳優一行がこの程横浜岸壁に船を捨てゝ匆々例のお得意の大探偵活劇物の一幕を演じたが、秋晴れのカラリとした昨日の朝はウオルカムプ嬢の扮せるアーデン嬢が

◇愈々浅草公園／仲見世通りに

花の一弁《ひとひら》を尋ね漂浪《さすら》ふ所へ、米国から悪漢が嬢の後を追ふてかの十万円の懸賞付た花弁を奪ふべく、活劇フイルムの一場面《シーン》として雷門前の雑沓を背景《バック》に技師のチヤーレー君

は撮影機を道路の中央に据ゑつける常でさへ押すな〳〵のあの小狭い場所に『やあ、活動の真物だ』『なんだ喧嘩か〳〵』と雪崩を打つので、日活から手伝ひの男衆が縄を引張つて汗を流して居る、舞台監督のバイブリー氏は

◇『いゝか《レデー》、いゝか《レデー》』／と襯衣《シャツ》一枚で怒鳴つてゐる、と群衆の中から掻別けて出たブルネー君の扮した一人の悪漢、頬に白粉を塗つて紅い付髯をモヂヤつかせ、秋晴れの暑いに綿を背中へ詰込んで傴僂姿に跛を曳き〳〵『右や左のお旦那さま』と帽子を片手に窺ふとも知らず、青い帽子を冠つたアーデン嬢が心配さうな顔をしてさし蒐《か》る、認めた悪漢忽ち猿臂を伸ばして矢庭に嬢の手提を奪ふ、嬢の役はここに生きる、嬢の顔は

◇忽ち驚愕と／憤怒の表情に

急転して両手を大きく拡げ『大、大変、あれエー』と叫ぶ折柄遅れて来た加州大学マクベー教授の書生といふタツカー氏の扮した一青年は、忽ち悪漢を組伏せて件の手提を奪ひ返し、嬢の急を救うて二人は堅い握手をする、その時嬢の顔面筋は一張一緩、転変して両手を頬に着け、身を反らし、手を拡げ巧にやつてのける、大勢の野次馬『うめえや、活動写真の通りだい』なんかと囃す、場面は変る、悪漢ブルネー君一寸失敗した、嬢は本統に怒つて

◇『いけないよ／線から出ては

駄目だ！』と白靴の高い踵で仲見世の石畳にギウと線を引いて、側のブルネー君を怖い目で睨む、逌がの悪漢君此一座の女王に睨まれて汗をふいて又やり直す、監督も技師も大笑ひだ、嬢は化粧した顔で『ほんとに美しい国ですから背景に結構ですけれど、場所が狭いので困りますよ』、と莞爾《にっこり》する、嬢もお腹が空いたと見え何やら鑵詰を頰張つて自動車に乗つた

この記事では、監督がバイブリーという人物のように読める。だが、正しくはヘンリー・マックレー。それに、記事を書いた記者は気づいていなかったようだが、この日の撮影は日本映画界にとって重要な意味をもっていた。というのは、このとき、このアメリカの撮影隊によって、ロケーションでレフレクター（反射板）が日本ではじめて使われたのである。日本の映画撮影では、それはまだ行われなかった撮影法であった。これもまた、特筆すべき出来事といえよう。この後、一行は鎌倉、江の島、箱根、奈良、神戸と移動しながら撮影を続け、神戸から上海へ旅立っていく。

連続活劇『龍の網』十六篇三十二巻が日本で公開されたのは、一九二一年になってからで、二月十一日、浅草の日本館で一、二篇四巻が封切られる。日本を舞台とした部分は、十八日封切の三、四篇、および二十五日封切の五、六篇に収められていた。その後は二篇

四巻ずつ週替わりで、九、十篇まで出て、中絶した。

年少者が主要な観客層だったせいか、ファンが年々更新されて、連続活劇の時代は十年近く続いた。小津より六歳年下の山中貞雄など、小学生のころから学校をさぼって映画館に潜り込む味を覚え、連続活劇の魅力の虜になった数多くの子どもたちのひとりだった。エディー・ポロ主演の『的の黒星』（一九一八年日本公開）に夢中になった山中と仲間たちは、冬場しか使わない空き小屋を劇中の善玉と悪漢たちが争闘する小屋に見立てて、『的の黒星』ごっこに日々を送ったのだった（この映画は一部分が日本に現存する）。

小津安二郎は後年、映画の発展段階を「一番初めは善玉と悪玉の追っかけの動きだけ、それから人間の感情が映画に出るようになり、しばらくしてその感情がソフィスティケーションになる。それが今ようやく人間が人間として描けるところまで来た」と語ったが（「映画と文学と絵画」、「芸術新潮」一九六〇年十二月号）、その最初の段階として、彼自身の少年時代の連続活劇体験が回想されたにちがいない。

もちろん、いくら流行したといっても、連続物は当時つくられた映画の一部にすぎない。人情物、恋愛物、喜劇、社会劇。小津安二郎少年が見た映画には、当然それらも多く含まれている。たとえば、彼が『蚊トンボスミス』と記した作品は、正しい邦題は『孤児の生涯』。メリー・ピックフォード主演による『あしながおじさん』の映画化である。原作の東健而による翻訳が『蚊とんぼスミス』の題で刊行されたので、小津はそちらの題名を記したのだろう。

この機会に、一九二一年の小津の映画鑑賞記録を点検してみたところ、題名の誤記も目についた。『アラスカ地獄犬』は『アラスカの地獄犬』、『フランス万歳』は『仏蘭西万歳』、『鉄窓を出で、』は『鉄窓を出て』（監督ジョン・フォード）、『ドグラスの蛮勇』は『ドーグラスの蛮勇』、『北の掟』は『北方の掟』が正確な邦題である。『離婚の道に』は『離婚への途』が正しく、しかも彼が名古屋で見たときには『妻として』と改題されていたはずである。未詳の題名が散見するのも、このような地方的差異による事情も大きいのではないか。『黄色旅券』という映画を彼は宇治山田で見ているが、これは関西での公開は確認できるが、東京では不明で、従来の記録には載っていない。名古屋で見た『仇し女に』も記録されていない。ペギー・ハイランド主演のパテー映画としかわからない。翌年東京で封切られた『若き日』ではないかと推測するが、決め手を欠く。イギリス出身の美人女優で、後年小津が好きな女優として名前を挙げているだけに、気になるのである。それにしても、彼の映画監督志望のきっかけになったといわれる大作『シヴィリゼーション』（一九一七年三月二十六日、帝国劇場封切）を、彼はいつ、どこで見たのだろうか。少なくとも封切の時点では、まだ「活動狂」以前だったのだから。

とはいえ、今回小津の少年時代の映画体験に即して、その時代の映画状況を調べ直して、あらためて納得できたことは多い。だが、ひとつひとつの作品について、ここで報告するわけにもいかない。当時の、そしていまでは完全に忘れられたスターたちのことも。それらはたぶん、大いなる無駄ごとなのである。ただ、その無駄ごとの視界のひろがりに見えてくるものは、映画という限られた範囲を突き抜けた「時代」の多面的な相貌である、とだけは言いうるだろう。それを考えるほうがほんとうはおもしろい。日本映画の伝統をつくった世代も、その空気を呼吸していたのである。

ところで、故意にふれなかった話題がひとつある。ブルーバード映画。一九一〇年代後半、あまたの映画好きの若者たちを陶酔させたブルーバード伝説は、「大正」時代を実感するためにも不可欠の世界であるだけに、もはやこの場では語り尽くせない無駄ごとである。それほど重要なものを、簡単に語るつもりにもなれない。やや遅れてきた「活動狂」小津安二郎は、その終末のころにふれただろうか。神戸で見た『魔の湖』は、一九一六年九月に東京倶楽部で封切られたブルーバード初期の『沼の秘密』の改題で、このころの関西の興行の例で回顧的に番組に加えられたもの。主演のマートル・ゴンザレス嬢は世界的に流行したスペイン風邪の犠牲になって、すでにこの世の人ではなかったのだった。

戦争と人間

三十三歳の出征

ひとことで十五年戦争というけれども、一九三一（昭和六）年九月以来の満洲事変は、思えばまだ前奏曲の段階だったのかもしれない。翌年の五・一五事件のころから〝非常時〟の掛け声は高まっていたが、そして国際的孤立と軍部の影響が顕著になりつつあったが、本格的に〝戦争〟の様相を呈したのは、やはり一九三七（昭和十二）年、七月七日の盧溝橋事件の発生から、四日後には北支事変と名づけられ、九月二日に支那事変と改められた、中国大陸での戦火の拡大のプロセスにあったように、少なくとも活字・映像メディアのうえからは判断しうる。それはもはや、軍隊（と兵隊）による戦争という以上に、国家総動員体制の国民的戦争と化していくのである。

その年、夏の終わりの東京高輪。松竹大船撮影所の監督小津安二郎の家を、顎の長い若い男が訪れた。Ｐ・Ｃ・Ｌ砧撮影所の監督山中貞雄である。前日召集を受けて、親しい先輩の小津のもとに挨拶に来たのだった。小津はシナリオライターの池田忠雄、柳井隆雄と新作のシナリオを創作中だったが、何はともあれビールの栓を抜いた。山中は庭の葉鶏頭を眺めて「仰山植えたのう」と言った。京都弁である。日活京都撮影所からこの春転社してきて、移籍第一作『人情紙風船』の封切の日に召集の報が、京都の実家から届いたのである。

このとき山中貞雄、満二十七歳。五年前の監督デビュー以来、時代劇映画で天才を謳われていた。一方の小津安二郎は三十三歳。現代劇映画を代表する名匠であった。一九三三年の秋、小津は京都ではじめて山中に会った。翌年の正月には山中が上京してきた。山中は数ある先輩監督のなかでもとくに小津に傾倒し、兄事した。小津もまた山中の才能を高く評価し、その人柄を愛した。彼らの交友は、関東と関西、現代劇と時代劇の区別を超え、一九三六年の日本映画監督協会の結成のきっかけになったのである。監督協会京都支部の山中壮行会には、小津も東京から参加している。

しかし、陸軍後備役伍長山中貞雄の召集は、同じく陸軍後備役伍長たる小津にも、その可能性が高いことを示す。果たせるかな、約二週間を経て小津にも赤紙が来た。初夏からかかったシナリオ『父ありき』が脱稿した翌日、九月九日深夜であった。彼はやおら煙草をくわえてマッチを擦る。山中がその瞬間、手が震えて火をつけられなかったことを思い

上海に向かう輸送船「北昭丸」船内
(撮影・小津安二郎／師岡宏次蔵)。

出したのだろう。火はついた。監督協会の壮行会には、京都から井上金太郎や稲垣浩が上京した。近衛師団歩兵第二聯隊に入隊。上海派遣軍直属の野戦瓦斯第二中隊(甲)に配属されたとみられる。つまり毒ガス使用を前提とした部隊である。九月二十四日、大阪を出港、中国大陸の戦場へ向かう。その船中の光景が、小津によってスナップされていた。

小津は戦場にドイツ製の小型カメラ、ライカを携行した。きわめてまれではあるが、例がないわけではない。げんに山中貞雄もコンタックスを持参したらしい。いま私の手もとに清水治郎著『一兵士の見た中国』(地球書館、一九七四年刊）という本があるが、ここには一九三八年から四〇年にかけて従軍した際に著者が撮影した、百四十八点の写真が収められている。彼のカメラは中古のブローニーだったが、小津のライカや山中のコンタックスは高級輸入品である。

「ライカ一台、家一軒」という言葉があった。一九二五年にドイツで発売されたこの小型カメラは、家一軒買うに相当するとさえ噂された高価なもの。一九三〇年か三一年に、小津はその最初の型式、A型を三百円で購入している。一九三〇年の彼の月給百十円。ライカ・マニアのはしりであった。三二年にはライヴァル機のコンタックスが登場し、活動屋のあいだに（といっても一流クラスだが）これら高級カメラが流行する。そんなわけで小津はライカ、山中はコンタックスをもっていたのだが、それはとにかく、小津、山中とももっとも有能な名監督ふたりを奪われたことは、質量ともにそのころピークに達していた日本映画にかかった暗雲であり、映画界はいやでも〝戦争〟という時代を意識しなければならなかった。

中支上海戦線に送り込まれた小津の戦争に臨んでの第一印象は、たとえば次の（帰還後）発言のごときものであっただろうか。

（船が揚子江に入って）呉淞鎮《ウースン》なんかの、砲台のこっちに街があるが、満足な家が一軒もない。戦争は家を壊すことじゃないかと思う位だよ。何んとなく家を壊していい気持になるという感じなんだ。　（「『戦争と映画』を語る」、「映画ファン」一九三九年十一月号）

アメリカ軍によるイラク攻撃という最近の事例を見ても、本質的には変わっていないのではないか。なんとなくいい気持ちになるという感じ、なども。ただ、そのいい気持ちが、家を壊すことにとどまらないのが戦場における人間なのではないか。

彼は続けてこうも言っている。

甲板に出ちゃいけないという、弾が飛んで来るのだ。だが甲板へ行ってみると、これは面白いものだなという気がした。

むろん、小津安二郎伍長はその後このような撃ち合いの当事者にならなければならないだろう。もっとも、当面は、小津の部隊は後方でのトラック輸送、連絡に従事していた。本格的な戦闘を体験し、「一通り戦地気分を満喫」するのは、十二月十五日に蘇省鎮から揚子江を渡り、揚州、儀徴、六合を経て、二十日に滁県に入城する行程であったと思われる。三八年一月一日付の筈見恒夫宛書簡に「明朝早々百二十里を車で上海に遺骨を運びます。この中にハ戦友のが二つ」。この間の足どりから考えて、彼が南京城内の作戦にかかわった可能性はない。

同じ書簡に、「山中ハ北京から南京に廻つた事と思ひますが未だ会ひません」とあった。その山中にめぐり会うのが、上海からの帰途、十二日のことであったが、それより前の一月八日、彼は上海の街頭で、偶然旧知の写真家木村伊兵衛に出会っている。木村は外務省情報部の宣伝企画の仕事で、上海に滞在していた。ライカA型を胸に下げた小津の姿が、木村のライカD型によって記録された。

そして——

それは昭和十三年一月十二日だよ。南京を去る九里、句容の砲兵学校だった。骨を持って上海に行った帰りに、その横に森田部隊が一晩泊った。その時僕は滁県にいたが、そこから滁県に一日で帰れるので仲継に泊った。そうすると隣に片桐部隊がいるというので、山中を訪ねた。

（「『戦争と映画』を語る」）

山中の部隊（第十六師団歩兵第九聯隊）は、小津より遅れて、三七年十月八日に神戸港から出発、北支から中支へ、揚子江を遡行して滸浦鎮敵前上陸、転戦を重ねて南京攻略戦に加わる。小津以上に激しい戦闘を体験したであろう。南京に入城したか否か確証はないとしても、彼が城内での出来事をまったく知らなかったとはいえないのではないだろうか。小津と再会して発した山中の第一声は「小ッちゃん、戦争えらいな」であった。彼の戦歴を考えれば、その言葉は思いのほか複雑に響く。

会見は三十分あまり。

その時の山中の感じは、何と云うか、還ったら現代劇を撮りたいという感じが非常にあった。それは云わず語らずのうちに、そういう感じを非常に受けたな。（同）

他の兵隊に頼んで、ふたりが並んだ写真が小津のライカで撮影された。これが山中のコンタックスだったら――その写真は山中その人と同様、日本に帰還することはなかったかもしれない。山中貞雄軍曹（伍長から昇進）は七月ごろ、急性腸炎を発病し、開封の野戦病院で、九月十七日不帰の客となる。満二十八歳と十ヵ月。従軍期間十一ヵ月。小津安二郎（彼も軍曹に昇進）はなお三九年七月まで、二十二ヵ月におよぶ兵隊生活を生き延びねばならない。

1938年1月12日、江蘇省句容にて
山中貞雄（右）と（師岡宏次蔵）。

現存する小津の従軍中の日記の最初の日付は、一九三八年十二月二十日。

滁県入城から一年になる。雪ふりつむ。中央公論十二月号の山中貞雄の遺書を読む。撮影に関するnoteがある。その中に現代劇に対しての烈烈たる野心が汲みとれて　甚だ心搏たれる。詮ない事だがあきらめ切れぬ程に惜しい男を失した。（略）久振に酒をのむ。コップに中バ程ですつかりい丶気持になる。変れバ変るものだ。

兵隊になりきることに韜晦して、映画を忘れようとしていた小津は、山中

1939年３月20日、修水河渡河戦時の小津
（鎌倉文学館蔵／協力・小津ハマ）。

の映画への執念に接して、ふたたび映画に回帰する。

それからちょうど三ヵ月後、一九三九年三月二十日。修水河渡河作戦。小津の部隊が本来の任務に従った、大規模な毒ガス作戦である。この件に関しては『小津安二郎周游』（文藝春秋、二〇〇三年刊）に詳述した。そして翌二十一日から十日間の追撃戦。小津が経験したもっとも苛酷な強行軍。日記の三月二十四日の記述の一節。

あるくことハたゞ意志の力だつた。歯を喰ひしバつて黙々とあるきつゞけた。山中ハ歩兵だつた。これハ山中の供養だと思つた。

一九三九年七月十六日、小津安二郎軍曹召集解除。帰還後の小津発言には山中を偲ぶ言葉が頻出する。そこに当時の映画界における彼らの位置づけもあった。

あれほど自分の感情を素直に出す奴もいなかった。彼奴は最後まで「あかんあかん」と頑張り通した。いい男だった。戦地で関西弁の兵隊に逢うたびに山中を憶い出した。そっくりの感じのがいるんだよ。

（『最後の一兵まで』合評」、「スタア」一九四〇年二月上旬号）

八月八日、京都、山中の菩提寺である大雄寺《だいおうじ》に墓参。

一九四〇年、『山中貞雄シナリオ集』（上・下）刊行。装幀小津安二郎。

同年、大雄寺境内に「山中貞雄之碑」建立。小津の揮毫になる碑文が刻まれる（毎年、この寺で山中忌が営まれる）。

一九五一年、小津安二郎監督作品『麦秋』。そのラストシーン。麦畑のなかを行く花嫁行列。新たな生命の誕生の予感を見守る死者たちの霊。かつての兵士小津安二郎による戦争レクイエム。そこに亡き山中貞雄もいたであろうことは、論をまたない。

慰安所心得左の如し

一九三七（昭和十二）年から一九三九（昭和十四）年にかけて、小津安二郎の〝支那事変〟従軍は二十二ヵ月にわたる。その間の兵士小津安二郎を被写体とした写真は意外に多い。それに対して、小津自身が撮った写真はほとんど現存しない（じつをいえば、それ以外の時期でも、彼の遺品にほとんど残されていないようだが）。帰還後の談話では、持参したライカで約四千枚を撮影し、スクラップブックに整理していたはずであった。それらはおそらく、戦後の松竹大船撮影所の火災で、彼の監督個室にあって焼失したと考えられている。

「写真文化」一九四一年五月号に「小津安二郎戦線写真集」と題して発表した五点だけが、同誌を編集していた写真家師岡宏次のもとに、そのまま保存されていた（本書六二、七一―七二ページ）。発表時にはほかに三点あったが、それらの所在は不明である。だがとにかく、小津が戦地で撮影した写真で現存が確認できるのは、これ以外にない。もちろん、兵

「写真文化」に掲載された中支戦線風景
（撮影・小津安二郎／師岡宏次蔵）。

中支戦線風景。場所は上海付近
（撮影・小津安二郎／師岡宏次蔵）。

隊の彼が戦闘の最中に撮影できるはずはない。「結局警備についているとか暇な時にパチパチ撮っ」たのだが、「後日仕事の参考にしようといった下心」があったというから、彼は、しばしば語ったように、映画をまったく忘れて兵隊になりきっていたわけではなさそうである。師岡は発表した以外の作品も見たのであろう。彼は編集後記に「敵性国家の写真による逆宣伝に使はれ易い作品は避けねばならず、特に戦争と人間を対照《ママ》とした優れた写真は、平和になつて幾年かでなければ世に現れない、と痛感します」と記した。おそらくそのような写真があったと想像させる記述である。しかし、小津が戦地で撮った写真は、戦後になっても現れることはついになかった。

小津安二郎伍長、のち軍曹は、三十歳過ぎの後備役の〝老兵〟であったが、二十名ほどの部下をもつ分隊長で、「班長さん」と呼ばれていた。戦地での兵隊の日常生活は、分隊をもってひとつの単位となっている。後年のシナリオ『ビルマ作戦・遥かなり父母の国』(一九四二年、映画化されず)には、小津の出征時の体験が随所に応用されているが、そこではまさに分隊長の軍曹が「班長さん」と呼ばれ、分隊単位で、一種の擬似家族として行動するのである。その意味で、小津の分隊は撮影所の映画づくりのスタッフワークに似て、さながら戦地の小津組であった。その上の部隊長は撮影所長という役どころか。兵隊小津を撮った写真、兵隊小津が撮った写真は、いわば戦争のなかでの日常、日常としての戦争をいまに伝える記録ということができる。日常性のリアリスト、小津安二郎は、戦争に行っても自らのペースを守るのである。

戦地にあっても、小津はペースを乱さない。銃後の知友に宛てた手紙は、戦場の興奮や動揺はみじんも現さず、ユーモアやしゃれっ気を忘れない、いつもながらの平常心の小津作品である。一足先に応召してひどく落ち込んだ山中貞雄に、軍籍の認識票を「靖国神社の門鑑」としゃれのめした小津なのである。彼や彼の仲間たちが長年培ってきたソフィスティケーション、すなわちモダニズムのセンスは、たしかに軍人勅諭の国家的強制力を軽やかに相対化する。

たぶん、撮影所の誰かに宛てたらしい、出征して一月ほど後に書かれた（と推定）手紙の結びの一節。

今、宿営してゐるところは、支那人の民家で、兵火でカナリ崩れてゐます。中にワラを敷いて起居してゐるのですが、一寸蒲田のジヤンバル・ジヤンのセットにゐる気持ちです。今日は雨が降つてゐますから、ユツクリ寝られます。雨の日には、決して敵機はやつて

中支戦線にて「班長さん」、草上の昼食
（鎌倉文学館蔵／協力・小津ハマ）。

来ません。飛行機に傘はさせないといふ事です。右、御一報まで

あるいは、しばらくのち、一九三八年一月一日付の筈見恒夫（映画評論家）宛の手紙では、

近頃仲々兵隊も板について機関銃の猛射も浴びれバ、みぢんこの浮いてゐる水で飯も炊き一通りの戦地気分ハ満喫しました。

このときの戦闘では、彼の部隊から戦死者も出たが、それに伴う生々しい反応、悲壮感は、ユーモラスな表現に解消される。当然、軍事郵便は検閲されていたとはいえ、それとはかかわりなく、小津の平生のスタイルが意識的に貫かれている。彼にとっては、手紙もまた作品でなければならなかった。

これらの手紙に、彼は多くの場合、元気はよろしいと書き添えた。彼の安否を案じていた人々への心配りを、小津は忘れていなかった。元気はよろしい。元気は益々よろしい。

そのひとり、シナリオライター野田高梧への一九三八年四月十一日付の手紙に、おもしろい記述がある。おもしろいといっては語弊があろうから、貴重な、と言いかえよう。発信地は安徽省北部の定遠。部隊は二月以来ここに駐屯している。で、その興味深い、貴重

な一節とは——

こゝに四日程前から慰安所が出来ました。慰安所とハ　トム、ブラウンの居ないアミー、ヂョリーの一群です。いかに人見知りをしない意馬心猿を以つてしても、しかも酩酊余程度を過しての揚句でなけれバおいそれとハ退治の出来ない半島の舞姫《チミモウリヨウ》です。その慰安所心得左の如し〈抜粋〉

一、所内ニ於テハ静粛ヲ旨トシ他人ノ戦闘行為ヲ妨害シ又ハ慰安隊員ノ争奪等卑劣ノ行為ナキヲ要ス

一、次期作戦準備ノタメ戦力ノ保持上如何ナル撤毒地帯ヲモ突貫シ得ル如ク防具ノ装着ヲ確実ナラシムルコト決シテ一時ノ情的或ハ防具ヲ裏返シテ使用スル等ノコトナキ様注意スベシ

一、戦闘後ハ別室ニ設ケタル洗滌室ニ於テ兵器ノ手入ヲ行フベシ

一、不注意ノタメ花柳病ニ感染シタルモノハ市町村長ニ通報ス

一、非常火災呼集ノ号音ヲ聞キタル場合ハ戦争中ト雖モ直チニ中止シ所属隊ニ帰ルベシ

以上です

〈ジュウゴノカタニモコレダケノココロガマヘハヒツヨウデス〉賃金は兵隊さん三十分以内一円五十銭。正午から七時迄。

この時代、中国大陸に攻め入った日本軍の行動のなかでも、中国人一般人婦女子に対する強姦が異常に多かったことは、戦闘以上にもっとも大きな特徴であったようにみえる。しかも証拠を隠すため、殺し、放火するパターンを発明する。途中に、後世に尾を引く多くのエピソードを残しつつ、〝皇軍〟は南京への道を趨《はし》った。遅ればせながら、過剰な逸脱をある程度コントロールすべく、慰安所というシステムが導入されたわけで、その公設市場が〈小さい汚ないランプの町〉定遠にもやってきたのだった。利用案内を几帳面に書きとめておいた小津安二郎は、やはりただものではない。しかしこの文章、小津が潤色したのでなければ、軍人にはもったいないような才筆である。

トム・ブラウンとアミー・ジョリーとはすなわち、ジョゼフ・フォン・スタンバーグ監督作品『モロッコ』でゲーリー・クーパーとマレーネ・ディートリッヒが演じた役名である。「半島の舞姫」は、朝鮮出身の著名な舞踊家、崔承喜をヒロインとした映画（一九三六年、監督今日出海）の題名で、〝慰安隊員〟が朝鮮女性であることを示したのである。

ところで小津はその後ももう一回、今度は日記のなかで慰安所にふれている。小津をまねてその部分も書き写しておく。一九三九年一月、十三日の金曜日。部隊は前年秋、漢口攻略に加わって、このときは湖北省の応城にいた。小津日記、応城の物語。

今日から城外に慰安所が出来る。金曜日がⓏで開店早々うちの部隊が当る。慰安券が二枚　星秘膏　ゴムなど若干配給になる。半島人三名支那人十二名　計十五名の大籠だ。慰安券に曰く　＊慰安所に於ける酒食を禁ず。＊泥酔者の慰安所に出入を禁ず＊軍機を厳守し之を漏洩せざる様万全の注意を要す。＊時間の厳守＊衛生に注意＊自隊日割外の出入を禁ず＊性病者及切符を所持せざる者の慰安所出入を禁ず＊とあり、応城野戦倉庫之印の捺印がある。兵隊ハ十三時から十六時まで半時間一円、下士十七時から十九時まで三十分一円五十銭一時間二円。兵ハ一時間一円五十銭高橋伍長試みに出かける。

中国女性が多いのは徴発と同じ現地調達方式なのか。定遠より廉価なのはそのためか。ヤマトナデシコは田舎町まで出張しなかったのだろうか。徴発はほとんど略奪の同義語であったといわれるが、実態はいかに。

Ⓩとは小津が属した野戦瓦斯部隊の符号である。

やがて部隊は九江に移動。「慰安所の女たちも転々と九江まで来たので、滁県や蚌埠の昔の馴染にハからずめぐり会ひこのところ、兵隊さんも何かといそがしい」（途中、陽新でも宿舎の隣が慰安所だった）。

かく中国戦線必須の風俗の出現と発展に関心を示した小津であったが、彼自身が「試み」たことはなかったようである。横浜《ハマ》のチャブ屋ならまだしも、たしかに彼のスタイル、美意識に合致しない世界にはちがいない。

書簡や日記、それに彼を報道した新聞記事（彼は著名人であったから）を見ている限り、小津の戦争には何やら悠然たる気配が感じられる。平時の旅の報告と錯覚しそうになる。

しかし、当時のメディアの報道には大きな制約があって、記事にできない事柄が多かった。書簡も軍事郵便は検閲されたという以上に、彼は崩れたポーズを見せることを嫌った。彼が遺した他の時期の日記が淡々たる行動のメモ、交友録、飲み食いの記であるのに比べれば、従軍中の日記には感慨や思考が記されている。しかし、それが彼の従軍二年近くの、最後の半年ほどでしかないというばかりでなく、それらが彼が見、聞き、感じ、考えたすべてではないだろう。それらだけが小津の戦争のすべてであったはずはない。たとえば、彼が「一通りの戦地気分は満喫した」のは、目の前で戦友が戦死した戦闘でもあったのである。また、「東京朝日新聞」の記者に戦争映画の構想を語って、「それは三里堡（定遠南方）で数千の敵軍に包囲された時、これを思い切り引きよせ徹底的打撃を与え遺死体四百、機銃、小銃、弾薬を無数に取ったのを中心にしたもの」（「東京朝日新聞」一九三八年五月七日朝刊）といったのは、自らの体験にもとづくものではなかったか。

戦場の小津、兵士小津安二郎を想像するとき、記憶から去らない発言がある。帰還してきて原隊面会所での最初のインタヴュー（「都新聞」一九三九年七月十六日朝刊）に、それがある。

敵の弾を初めて経験したのは滁県、情けないがビクリと来ました。が段々なれて来ました。全く最初は何となく酒ばかりやりましたが、考えてみると幾分その辺り精神の働きでしょう。しまいには平気です。人を斬るのも時代劇そっくり。斬ると、しばらくじっとしている。やアと倒れる。芝居は巧く考えてありますネ。そんな事に気がつく程余裕が出来ました。

これはいかなる場面であろうか。敵兵との白兵戦での斬り合いだろうか。やはり帰還直後の談話（「小津安二郎戦場談」、「大陸」一九三九年九月号）で、彼は白兵戦の体験を語っている。「部隊一同が敵の応戦の執拗さに、怒髪天を衝いてカンカンになった時、必ず、支那兵が吶撃して来る。おのれ、と、こちらも塹壕を飛出して白兵戦になる。そうなれば、しめたもので、必ず我軍の勝利だ」と。兵隊ならば戦場ではそうした場面に遭遇し、そのように行動せざるをえないだろう。

あるいは、そしてこの可能性も無視できないのだが、捕虜となった敵兵（とおぼしき人間）を斬るという場面であろうか。彼が直接手を下したとは思えない。だが、そこにいた、それを目撃したことは大いに考慮の余地がありうる。そうでなければ、上記のごとき発言はどこから出てくるだろうか。一部で〝試し斬り〟はけっしてめずらしい出来事ではなかったのだから。むろん、ここで小津ひとりの問題を語っているのではない。

たとえば、山中貞雄にはもっと苛酷な体験があったと想像できる。第十六師団（師団長中島今朝吾中将）は南京攻略の主要戦力であり、歩兵第九聯隊（片桐部隊）は紫金山攻撃で激闘を展開した。南京陥落（一九三七年十二月十三日）後の城内掃蕩作戦では同じ師団・旅団の第二十聯隊が活動して、第九聯隊は城外警備を担当したようだが、十七日の入城式に先立つ、十五日の第十六師団の入城には第九聯隊も加わっていたのではないか。

その一月足らずののちの、小津と山中の短い会見で、ほんとうは何が語られたのかはわからない。小津が伝えたことを信じるしかない。しかし、山中の「戦争えらいな」という言葉で、暗黙のうちに通ずる思いが共有されていたであろう。山中の死は病死だったが、原因はなんであれ、戦争という悪しき現実は、山中貞雄という韜晦とか精神の仮死を装えないナイーヴで無防備な、愛すべき人間の許容量を超えてしまったのではなかったろうか。小津が山中の遺文に接して激しく搏たれたのは、こと映画に関してだけであっただろうか。

小津にとって、韜晦は戦争のただなかで生き延びるひとつの武器ではあった。事実、彼は生き延びた。だが、そこに人間としての危機が内在したことも否定はできない。『小津安二郎周游』にも引用したが、帰還直後の談話「小津安二郎戦場談」での発言をふたたび想起するならば（ただし、新仮名遣いで）。

こうした支那兵を見ていると、少しも人間と思えなくなって来る。どこへ行ってもいる虫のようだ。人間に価値を認めなくなって、ただ、小癪に反抗する敵——いや、物位に見え、いくら射撃しても、平気になる。

取材したメディアによる強調、方向づけは考慮しなければならないが、このような発言はあったと思う。そこに私は、小津安二郎の擬態に精神の頽廃の危機はなかったかを問うてみたのだった。

戦争はたぶん、たんなるゲームではない。

小津安二郎はおそらく、戦争という人間性の頽廃の危機に直面し、それを経験し、そこを通過した人物であった。

彼がその場所で自ら撮影した写真の、ごく一部ではあるが、ふたたび陽の目を見ることになったのがきっかけで、私はいささか〝物語〟を語りすぎたであろうか。

チョコレートと兵隊

『チョコレートと兵隊』という映画がある。一九三八年、東宝映画。演出は佐藤武（一九四〇年代まで東宝では監督でなく演出と表記した）。だが、製作会社の東宝ではなく、アメリカで保存されていたものだという。東宝は他の映画会社に比べれば、自社の旧作を残していることで知られるが、それでもこの作品はなかったものか。実際、日本映画の歴史は、いまとなっては幻の名作で綴られるようなものである。

といっても、『チョコレートと兵隊』は名作ではなかった。ケレン味やあざとさがないかわりに、淡彩で押しが弱い。しかし、ここで問題にしたいのは、この映画の評価ではない。その成り立ちである。

『チョコレートと兵隊』の企画は、ひとつの新聞記事から始まっている。一九三八（昭和十三）年といえば〝支那事変〟の真っ盛り。「東京朝日新聞」九月八日朝刊の社会面に大きく報道された「〝チヨコレートと兵隊〟／嬉しく・悲しき父性愛の一篇」。「ある製菓会社がチヨコレートの包装紙の裏に十点、二十点といふ点数を印刷して、この包装紙の点数を集めて百点になつたら十銭の板チヨコ一まいと交換するといふ子供相手の思ひつきの懸賞宣伝からこの話ははじまる」。出征した父親（一等兵）が、慰問袋の中にあった板チョコの包装紙を子どものために集め、戦友たちからも分けてもらって千三百点を、戦地から送ってきた。事情を認《したた》めた手紙を読んだ製菓会社（記事に社名は出ないが明治製菓らしい）では、点数以上のものを贈ったが、それが届いた日は、あたかも父の戦死の公報を受け取った日でもあった。

映画は事実に忠実に、だがもちろん父の出征以前をふくらませてホームドラマ調に脚色している。このように新聞の社会面記事の事件、美談、哀話などに取材して一篇の映画をでっちあげるという例が、そのむかしの日本映画ではめずらしくなかった。一九二〇年代前半期にとくに目につく。松竹、帝キネといった新興勢力が老舗の日活に挑戦する局面で顕著であった。新聞報道で話題になった出来事はそれだけで宣伝が効いている。各社競作になることもあり、映画の出来具合以前に、他社を出し抜く拙速が尊ばれた。新聞も映画化について記事にする。それが、より大規模・計画的に行われるのが新聞連載小説の映画化の場合である。新聞と映画のふたつのメディアが、ともに急成長してマス化していく過程で発生した相互利用の典型例といえる。

新聞小説の映画化は戦後まで続いた日本映画の企画の重要な戦略だが、新聞記事の即時的映画化、いわゆる際物映画は事件それ自体がローカルな性格のものが多く、全国的な興行の展開にはなじまなかったせいか、一九三〇年代にはほぼ役割を終えていた観があった(『天国に結ぶ恋』のような例外はあっても)。しかし、戦争という全国民に影響を与える関心事ともなれば話は別。『チョコレートと兵隊』は、戦争報道にふれて、際物映画の伝統が復活した一例と考えられる。

このような例はほかにもある。同じ年のはじめに封切られた日活多摩川撮影所、田坂具隆監督作品『五人の斥候兵』は、その年の「キネマ旬報」優秀映画詮衡(ベストテン)日本映画第一位、同年第六回ヴェネチア国際映画コンクールで民衆文化大臣賞を受賞した、この時期の戦争を主題とした映画を代表する名作の一本という評価は動かない。この名作が、じつは新聞記事に材を得た、いわば際物映画的発想から企画された映画なのである。私は従来、その事実は再三指摘してきたが、記事の内容までは説明しなかった。そこで今回は問題の記事自体を紹介しておきたいと思う。これも何度も書いたことだが、この映画の成り立ちには、小津安二郎の存在が触媒となっている。それもまた最初は新聞記事によって周知されたので、順序としてそちらの紹介を先にしたい。「読売新聞」一九三八(昭和十三）年九月三十日第一夕刊。小津が応召してほぼ一年ののち。

数日前中支〇〇に活躍してゐる大船の小津安二郎監督から、多摩川の田坂具隆監督へたよりがあつた、戦地でイタリアの国際映画コンクールで第二位を得た名作〝五人の斥候兵〟をみたといふのである、田坂監督が小津監督のこのたよりに無量の感慨をこめたのは、この映画の製作の動機が、小津監督の応召入隊にあつたのだといふ〝秘められた因縁話〟がはからずも大写しとなつて現はれた

小津監督の壮行会が華々しく行はれた翌日、小津監督の所属する原隊の門前で**日の丸**の小旗が波と打振られる中に兵営深く消え行く小津の後姿を見た田坂は「自分も、当然彼の後から征く筈だ、映画監督として、せめて一本、この気持を軍事映画にうつしたい」

と心に堅く誓つたのである、そしてその取材をたま〳〵本紙社会面の〝帰つて来た樋口斥候兵〟の記事にとり、こゝに一片のストウリイを構成したのであつた、不朽の名作「五人の斥候兵」の製作は監督、俳優、裏方などの渾然たる**精神的**統一と、烈々たる芸術的気魄とによつて成果を挙げたのだが、この影には田坂

の心中に、小津の出征姿が絶えず火の如く刻みこまれてゐたのだつた、この「五人の斥候兵」が廻り廻つて小津のゐる中支〇〇の町に上映されたのである、小津は

「…久々の映画で愉しかつた、兵隊の大方は泣かされてゐた、事件を切実に身近に感じるからだ、僕も〇〇にゐた二ケ月あまりの間を思出した、近々漢口に行く、元気は大変にい〻」

と田坂へ書き送った。小津の出征が動機となつた「五人の斥候兵」を戦地で見た小津のまなこには、田坂の気持がすつかりとうかゞはれたのである（略）

田坂は翌年、火野葦平原作『土と兵隊』を映画化するが、そのときにも、「今戦地に居る松竹の小津安二郎監督は、あの人が応召して入隊した時、見送りに行つて、彼が門に入つて行く後姿を見て「五人の斥候兵」を作る事を私は決心したのでしたが」（「東京朝日新聞」一九三九年七月八日夕刊）と語っているから、確かな事実であろう。

そこで本題の映画のネタとなった記事の紹介に移ろう。「読売新聞」一九三七年八月十三日朝刊。盧溝橋事件から約一ヵ月後の話である。大見出しに「前線奇譚〝戦死者〟武勲の生還／〇〇にて小川特派員発」とある。同記者と写真班員が最前線で目撃した事実譚。

社会面の半ばを占める大々的な報道である。当時の社会面的戦争記事のサンプルとして読んでみよう。

胆のすわつた名斥候長として知られる藤田軍曹の一隊がこの朝飯もくはずに戦闘に参加し続いて逃げる敵を追つて幾つかの敵の前衛を突破して○○から南十二里長安城方面を偵察戦塵にまみれて○○へ帰つて来たのは九日午後七時頃だつた「…この戦闘で樋口一等兵は戦死を遂げたものと思はれます」と部下の戦死を報告する藤田軍曹の顔は悲愴に曇つてゐた―ちやうど安城を偵察しての帰途、交首付近であつた、突然、味方は有力な敵部隊に包囲されてしまつた、前面から迫撃砲と重機関銃弾が幕を張つたやうに飛び、後方の退路には青龍刀を振りかざし小銃を盲滅法に射ちまくる十数人の便衣隊が壁のやうに列んでゐる、絶体絶命…瞬間、味方はクルリと馬首を廻らすと見るより早く、便衣隊の真正面へ、我武者羅な

突撃を開始した。青龍刀を馬蹄にかけ、小銃を持つた腕を木の枝を斬り落すやうにた、き斬つて、滅茶苦茶に突進して漸くこの便衣隊の包囲を切り抜けた、樋口一等兵と馬首を並べてゐた寺木一等兵は戦帽を数発の敵弾でカン〳〵と叩かれたのをはつきりと意識した、畜生!と歯を喰ひしばつて阿修羅のやうに突進―ホツと一息して気がつくと

樋口一等兵の姿がみえなかつたのだ、報告を急ぐ一行は後髪引かれる思ひで帰還したのである

ここまでが前半の事実経過。続いて「その夜十時過ぎ川岸部隊長へ樋口一等兵の戦死が報告された、戦友たちはみんな目頭を押へて樋口一等兵のありし日をシミジミ語りながら夜更けまで眠るのを忘れたのであつた」と、しんみりした場面が描写される。このへんの展開が、ほとんど戦争映画のように構成されているのが非常に興味深いところである。翌朝、「藤田軍曹は真赤な目をこすつて「俺は樋口の夢ばかり見て寝つかれなかつた」と呟いた、みんな同じ思ひの真赤な目だ」と、

六時ごろでもあつたであらうか、高い土塀の外に躍るやうな靴音が迫つて宿舎の扉がパツと蹴り開けられた、記者も敵襲！と思はず浮腰になつたほどだ、「樋口が帰つて来たツ！」こんな言葉が耳元で爆発した、藤田軍曹が南門の方へ飛んで行く、記者も、写真班も、目頭が熱くなるのを押へかねて走つた、走つた、南門を藤田軍曹が濡れそぼれた一人の兵を抱へて泣きながら入つて来る、それが樋口一等兵だつたのだ、頬はゲツソリと落ち、たゞたくましい目が戦意に燃えて光つてゐる、ああ戦死した樋口一等兵は生

還した、生きてゐる戦死者！すぐ岡崎部隊長の前で昨日来の報告だ、先づ馬が射たれた、どうと倒れる馬を捨て、銃を握りざま、背後の青龍抜刀隊の中へ躍り込んだ、手当り次第、三名四名と台尻で殴り殺して、すきを見てパッと高粱畑へ飛び込んだ、機銃の弾雨の中にぢつと身を潜めて、静かに高粱畑の中を移動した、果しない高粱畑、幾時間、潜り歩いたらう、夜が来た、北斗七星を指針に北へ北へと移動した

ある種の冒険読み物の趣だが、映画で表現するには一工夫を要するところだろうか。さらに樋口一等兵の冒険は続く。

部落を過ぎて犬が吠えた、それが合図のやうに銃声が追つて来た、歩けども○○街は見えない、畑の中に腰を下ろしてぢつと夜明けを待つた、すると、オオ！薄れ行く暁闇の空に、ポツカリとときのふまで見馴れたあの○○の古塔がみえるではないか

「…弾丸は最初五発、ついで三発、一発と二回、合計十発つかひました、をはりッ！」と言葉も乱れぬ落ちついた報告ぶりだ「ム、〳〵」とうなづきながら報告を聞き終つた「よしあちらに行つて休め」といふ岡崎部隊長の慈父のやうな眼にはキラリと光るものがあつた、戦友の歓声「さあ服をぬがしてやらう」「オイ、俺の卵を喰つてくれ」と美

しい友情、涙の出るやうな情景の中に立つて戦死者一等兵樋口啓蔵君はまぎれもなく生きて笑つてゐるのである

「いつもは邪魔だつた高粱で命を拾はうとは思ひませんでした、馬を殺して申し訳ありません」

と涙ぐむ、皇軍の規範をこゝにみせて〝生きた戦死者〟の言々句々は思はず記者に「日本軍万歳！」と

絶叫させたのであつた、十日午後、川岸部隊の発表—

「…戦死したりと信じられたる岡崎部隊樋口一等兵は今朝未明九死に一生を得て無事原隊へ生還せり」

以上で特派員報告は終わっているが、紙面はさらに、一度は戦死の報を受け、一転して生還が伝えられた留守宅の模様を取材している。「憂愁の一家は歓喜の家に一変した」。しかし実父は次のごとく語らざるをえない。「本人も今度こそは死んだつもりで一層の活躍を誓つてゐるでせうが念のため私からいはゞ役済みの身なのだから故郷へはもう帰らなくてもよい進んで決死隊に志願するなどして立派に死んでくれるやうにと云つてやるつもりです（略）万が一無事凱旋するやうな事があつても生涯を軍籍に捧げ御奉公させたいと思

ってゐます」と。原作高重屋四郎（田坂具隆）、脚色荒牧芳郎とクレジットされている映画『五人の斥候兵』（ただし、現存プリントにはタイトル部分欠落）は、戦地だけに空間を限って、当然のことながら留守宅の場面などはあるはずがない。

『五人の斥候兵』のもとになった新聞記事は、戦場の一挿話として、〝物語映画〟として展開させうるストーリィを、そもそももっていたということができる。映画『五人の斥候兵』の主題は、軍の戦闘単位としての部隊、そこでの戦友たちの友情というものにあったであろうが、それらの要素はもとの記事にも十分認められる。そこにはむしろ映画からの影響すら感じられるであろう。しかし、それが映画として成立し、しかも、凡百のたんなる際物映画の水準を抜いた作品に結実するためには、田坂の監督としての力量はもとより、題材に対する強い共感が必要であった。そこにこの作品における、小津の隠れた役割があったのである。

小津の従軍日記、一九三九年二月十九日の項に次の記述あり。

＊1938のBest⑩　旬報社推薦。

①五人の斥候兵　②路傍の石　③母と子　④上海　⑤綴方教室　⑥鶯　⑦泣虫小僧　⑧

阿部一族　⑨あゝ故郷　⑩太陽の子

五人の斥候兵がトップでハいささか淋しい。時局に阿ねた銃後の御愛想だと思ハれぬこともない。見てハゐないが路傍の石の方がよいのではないか。そのいづれも具隆作品だが。

樋口一等兵はその後どうなったのか、非常に気になるのだが、誰も関心をもたなかったのか、消息は何もわかっていない。

一九三九年、田坂は三月末に『土と兵隊』ロケーションのために戦火の中国大陸に渡った。百日間におよぶ撮影行。その半ばの五月の末のころ、ところは崇徳。

突然杭州の本部から私宛の直通電話が掛つて来たとの事で、これは余程の大事件が起つたに違ひないと情況交換多忙を極めてゐる電信室に入つて行つて受話器を取ると「小津と云ふ人から航空便が来てるが、急ぎの手紙らしいから何なら此処で読んでやらう」と云ふ事です。

私は瞬間、これは小津氏が怪我でもしたのではないかと思つて是非読んで呉れと頼み

ました。（略）

所がその手紙が読み上げられて見ると例の小津氏一流のブッキラ棒な簡単な調子で軍務で南京まで来た、二十七日までゐるから何とか都合して会へないかと云つた、凡その場の緊張した空気とは違つたもので、拍子抜けがしましたが、何かしら不思議に懐しい気持がして、私は泣いて了ひました。（「東京朝日新聞」一九三九年七月八日夕刊）

結局、彼らはこのときは会っていない。

さて、具隆といえば吐夢である。内田吐夢と田坂具隆は、一九二〇年代半ばごろから行をともにすることが多く、自他ともに認める終生の盟友であり、好敵手であった。一九三六年三月の日本映画監督協会結成を機に、小津と内田、田坂、それに溝口健二との交友が始まった。当時の日本の映画監督の最精鋭の交流がもたらした効果は大きかった。『五人の斥候兵』がそうであり、内田の『限りなき前進』（一九三七年、原案は小津の『愉しき哉保吉君』）がそうであった。小津が戦地から帰還して、ジャーナリズムが仕掛けた対談の相手も、田坂（「東京朝日新聞」）、つづいて内田（「映画ファン」）である。この人選に当時の彼らの位置が示されているともいえるだろう。その後の数年で、小津が対談や座談会でまみえたのは内田がもっとも多かったが、小津がもし生涯でライヴァルを想定することがあったとしたら、それはこの時期の内田吐夢以外にはなかったのではないか。小津は内田との座談（「戦争と映画を語る」、「映画ファン」一九三九年十一月号）で、「どっちかというと、多摩川系統は自分の気持に打つかって行く。大船系統は自分の好みに打つかっている」と語っている。いずれにせよ、内田吐夢なり田坂具隆の存在が、小津にとって有益な刺激となったことは間違いないだろう。おそらく今日の映画言論の疑問は、「気持」を軽視して「好み」を偏重するところにある。

同じ座談での心情のやりとりには、彼らの性格や行動、作風を知れば、なかなか含蓄がある。

小津　（略）俺の家の葉鶏頭ね。あのひょろひょろとした奴が非常に太くなって、とてもでっかくなって、まだ色づかないのがあるが、人生はかくありたいと思う。黄色い葉鶏頭、これなんか愛しているのだけれども、――。

内田　小っちゃんはそういう気持かね。僕はコスモスというやつが実に嫌いなんだよ。それでいつも笑うのだけれども、手前の力を知らず伸びるだけ伸びて、嵐なんかに遭っ

てぺしゃんこになる。そんな惨めな姿でも花を咲かしているね。あれを見ると哀れでね。花そのものは嫌いじゃないがね。（略）

だが、この後、小津や内田や田坂の前途には、戦時の対処をめぐってそれぞれに苦渋の曲折が待ち受けていた。

新嘉坡好日

一九四五年八月十五日

敗戦十五年目の一九六〇（昭和三十五）年、「キネマ旬報」八月十五日号が、その発売日にちなんで、映画関係者たちが十五年前の八月十五日をどのように迎えたか、感想を集めて「あの日私はこうしていた！」という特集を組んだ。多くの映画人が、多くの日本人と同様に、敗戦を青天の霹靂と受けとめたなかで、「酒と敗戦」と（編集部によって）題された小津安二郎の回想は、いささか特異なものであった。それは彼が外地でその日を迎えたことによる。

終戦の時にはシンガポールの軍報道部にいた。ところが、現地で軍関係の仕事をやっていると、数日前からもう戦争は終りだという噂が流れて来た。宿舎からみると、いつもは厳重な燈火管制の街に、チラホラ燈がついている。やっぱり本当だ、と思っているうちに八月十五日が来た。だから、このへんの移り変りが、永いオーバー・ラップという感じで、とくに大きなショックはなかった。

たしかにシンガポールに限らず、日本軍の占領地域ではどこでも、日本敗戦が決定的となるにつれて、住民の態度に微妙な変化が現れたようである。シンガポールの場合、「軍の指定食堂でも、終戦間際になると蔣介石の写真を張り出した。ペチャ（リンタク）曳きが、お客に路上で紙片を渡すなど情報交換をやっている。（略）市民が日本兵に向ける目は白くなっていた」（本田忠尚『茨木機関潜行記』図書出版社、一九八八年刊）。

軍人たちも、当然、敗戦を意識していた。小津の回想の続きに、「ただ記憶にのこるのは、そろそろ敗戦の色が濃くなって来ると、軍人をはじめとするお偉方たちが、戦争が負けたら切腹するといきまいていた」というのだから。「日本料亭の数は減っていたが、高級軍人軍属、商社員などの特権階級が入りびたり、噴火山上の舞踏を続けていた」（『茨木機関潜行記』）

ところが、小津によると「いざ敗戦となると、切腹を叫んでいた軍人たちの負けっぷりが、実に鮮やかなのである。アッサリ、手をかえすように負けてしまった」という。日本本国の場合と同じように。小津は特異な場所で、特異な形で、日本人の敗戦を体験し、なおかつそれを観察していたのだった。

たしかに松竹大船撮影所の監督小津安二郎は、そのときシンガポールにいた。日本占領下でそこは昭南と称された。日本の南方進出の拠点であるそこへ、彼は軍の宣伝映画製作のために滞在していたのである。

三年前、『父ありき』を完成してから、彼は映画をつくっていない。陸軍省報道部企画の『ビルマ作戦・遥かなり父母の国』は、書き上げたシナリオが注文どおりの勇ましいものにはならずに映画化にいたらず、そこへ参謀本部からきた話にのって、一九四三年六月、昭南に飛来したのだった。敵国イギリスの植民地だったインド独立をめざす、インド国民軍の映画を撮るのが目的である。カリスマ的指導者スバス・チャンドラ・ボースを迎えて自由インド仮政府が樹立され、意気上がったインド国民軍だったが、翌四四年、日本軍のインパール作戦と行をともにして、惨敗、潰滅する。小津と彼のスタッフたちは、アメリカ軍に制空権を奪われた状況のもと帰るに帰れず、その地に残留し、無為なるままにその日を迎えてしまったのである。

しかし、十五年目の小津の回想には、やや疑問とすべきところがないわけではない。たとえば、その日はほんとうにその日だったのだろうか。一九四五年八月十五日だったのだろうか。というのは、昭南で日本の敗戦が公的に告知されたのは、じつは八月十八日だったからである。篠崎護『シンガポール占領秘録』（原書房、一九七六年刊）に次のような記述がある。

昭和二十年八月十八日、午前十時、各部隊長及び特別市、軍政監部の科長以上は、軍司令部に集合すべし、と通達された。

広島、長崎に「新型爆弾」が投下され、一瞬にして数十万の市民が死傷したと伝えられ、ソ連が参戦したニュースも報道された。

しかし、敗戦はトップの人々にのみ、ヒソヒソと語られ、幹部の動揺は察知されたが、現地抗戦をたたき込まれていた我々現業者にはまだ真相は知らされていなかった。

疎開本部では十八日も疎開させる手筈になっていた。

だが、第七方面軍司令官板垣征四郎大将は、集合した一同に向って、聖断の下ったことを告げ、各部隊の軽挙妄動を戒め、各部隊長は部下を掌握して、無益の紛争を起さぬよう、特に各地の治安及び秩序を維持すべし、と訓示した。

篠崎は当時昭南特別市庁の職員だったが、以前はシンガポール総領事館に勤務し、スパイ容疑でイギリス当局に逮捕、投獄され、日本軍の占領で解放された経歴をもつ。職務上、軍部との交渉も深い。そのような立場であっても、十八日までは確実な情報を把握できなかったのである。一般人がラジオで短波放送を受信することは禁止されていた。

小津の場合は報道関係者との接触があり、その方面からうすうす察知したのだろうが、それでも事態が明らかになったのは十八日だったはずである。篠崎によれば、各部隊から自決の銃声が響いたり、市内にユニオンジャックや青天白日旗が現れたりするのは、その日のことである。つまりシンガポールに限っては、一九四五年八月十五日は十八日に〝永いオーバーラップ〟をしたのだった。そこにおそらく、南方軍内部での意見の不統一が想像できよう。それまで「日本本土から伝わるニュースは本土決戦であり、現地軍もその覚悟」だったからである。小津がいう軍人たちの鮮やかな負けっぷりに行きつくまでの三日間、とも考えられる。

シンガポール（昭南）体験を、小津安二郎自身が直接語った例はきわめて少ない。一九四六、七年に数例を認めるのみ。それも映画ジャーナリズムの取材だから、むこうで見た映画といったテーマに限定されてしまう。もちろん彼は何よりもまず映画作家だから、昭南ですることがなくなって、もっぱら当時の日本で見られなかった鬼畜国《アメリカ》の映画、『風と共に去りぬ』や『市民ケーン』や『怒りの葡萄』や『ファンタジア』を見たことには大きな意味がある。しかし、それだけが小津のシンガポールなのだろうか。それ以外に小津に二年七ヵ月を生活したシンガポールは存在しなかったというのだろうか。

内地に引き揚げて一ヵ月後、たぶん帰国後最初の談話記事と思われる、「東京新聞」一九四六年三月十六日所載「終戦前後のシンガポール」は、小津がシンガポールを語って、映画以外の消息にも言及しためずらしいケースである。新聞紙面が裏表二ページだった時期の短い記事だが、〝小津のシンガポール〟の従来等閑視されてきた側面が示されている。

全文は『小津安二郎戦後語録集成』（フィルムアート社、一九八九年刊）に（しかも冒頭に）収録してあるので、ここでは必要な個所を抜き出してみる。

（略）終戦と同時に日本人はショロンに集結させられ、ここは何もないゴム林だがバラックを建て、水道を引き電気をつけて整然たる生活を営み現地の芸妓連の踊り、有志の劇、ストックの映画等で慰安し合った。

新聞は「新道」後に、「自由新聞」という謄写版刷りが出たが「昭南新聞」は「世界時報」と変り広く南方の一般の邦人へと配布された。（略）

困ったことに、この短い引用に誤記がふたつある。「ショロン」は正しくは「ジュロン」と書くべき。また「自由新聞」は「自由通信」が正しい。これは訊き手の記者の誤記であろう。小津はジュロンで半年近く生活し、「自由通信」にもかかわっていたのだから、彼が間違えるはずはない。今回書きとめておくのは、このジュロンの抑留所と、そこで発行されていた「自由通信」についての報告である。それによって、小津安二郎の知られざる部分に新たな知識を加えることができるであろう。それが可能になったのは、近年「自由通信」および他のジュロンでの週刊（のち旬刊）誌の相当部分の現存が確認され、閲覧することができたからである。それらを持ち帰ったのは、当時日本映画社南方総支社企画部員だった関正である。私は関氏のインタヴューを「ＫＡＷＡＤＥ夢ムック・文藝別冊『小津安二郎』」（二〇〇一年七月）に発表し、また「日本近代文学館」一九〇号（二〇〇二年十一月）にそれらの資料の存在を紹介しておいたが、ここではもう少し、その背景や内容についても立ち入って解説しておきたいと思う。

閉ざされた生活のなかで外部の情報を求め、一方で結束を固めようとするのは、文明人の自然の欲求なのだろう。日本敗戦ののち、各地で捕虜となり、また抑留された人々のあいだで「新聞」が発行された例は少なくないらしい。有名なものではシベリアの民主化運動の産物（〝ソ同盟〟の指導による）「日本新聞」とか、レイテの「曙光新聞」（これは壁新聞だった）などがあり、復刻版や関連書も公刊されている。

ジュロンでは、小津談話にあるように、最初「新道」が一九四五年九月二十二日に発刊

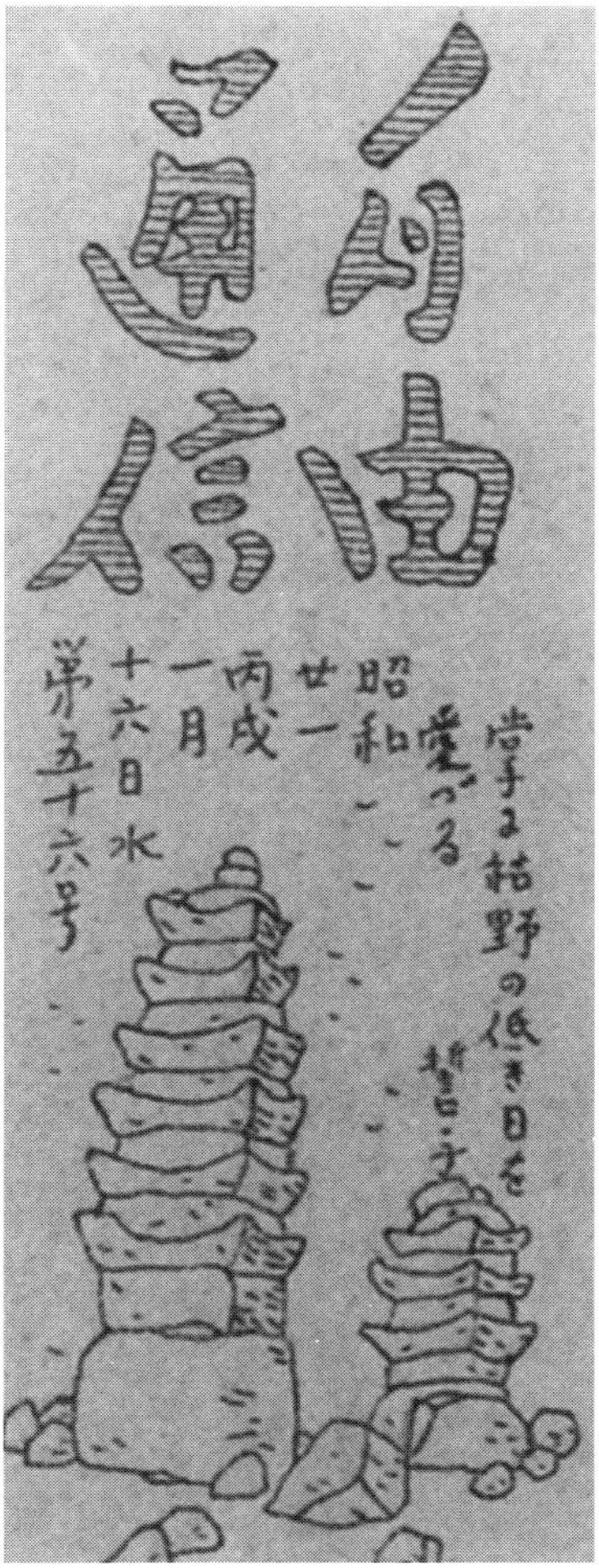

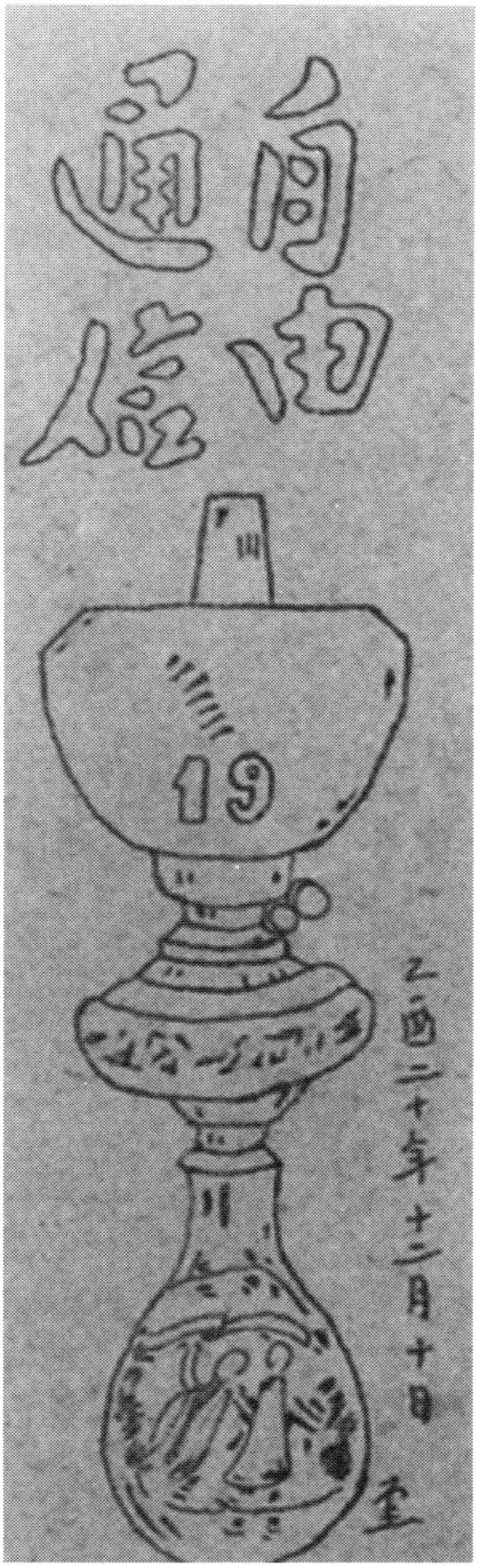

「自由通信」19号（右）、56号の題字部分
（日本新聞博物館蔵）。

され、そのスタッフの大半が第一次引き揚げ船で帰国したため、十一月二十二日から「自由通信」に変わった。いずれも謄写版印刷、日刊である。小津や関が参加したのはこの「自由通信」からである。他に週刊の「文化週報」が十一月四日に創刊、これは九号（一九四六年一月一日）から「文化時論」と改題して旬刊となった。その活動は一九四六年一月二十六日の彼らの第二次帰還直前まで確認できる。

小津安二郎は「自由通信」全号の題字とその下のカットを担当、さらに四五年十一月二十五日の第一面はすべて彼の文字である。また「文化週報」は創刊号は現存しないが、同年十一月十一日付の第二号以降の題字は小津が書いており、「文化時論」でも同様である。「文化週報」「文化時論」の短歌・俳句欄もほとんどが明らかに彼が書いているが、彼自身の作品はない。しかし、「自由通信」のカットなど、号を追うごとに非常に凝ったものになって、まさに「もう一つの小津作品」と称するにふさわしい。

関は、新聞や週刊・旬刊誌の挿画やカットに多摩美術学校出の腕をふるった。彼は一九四〇年十二月に松竹大船撮影所文化映画部の企画部に入社、一年後に映画界の戦時統合で日映に移ったが、大船時代には巨匠小津は遠くから仰ぎ見る存在で、日映から昭南に派遣されてから面識は得たとはいえ、親しく接するようになったのはジュロンの抑留所に入ってからであった。

それにしても、ジュロンの人々の活動は他に比べて格段に旺盛だったようにみえる。他の地では新聞が発行されたといっても、日刊というペースは類例がない。しかもガリ版とはいえ週刊雑誌まで出したのである。それが可能だったのは、ジュロンがシンガポール在住の民間人のみを収容して、軍人がいなかったからだろう。前記小津談話でも彼は抑留とはいわず、集結と表現している。篠崎の著書でも集結所である。それゆえ、行動に比較的制約が少なかったと考えられる。現地住民からは隔離され、イギリス軍の監視下にあったとしても。関によれば、タバコを盗みに行って射殺された者もいたというが。

またシンガポールは日本の南方進出の基地であったから、それまでにも文化的な活動が行われ、また報道関係者も多く駐在していた。そういった人々がジュロンに収容されたので、報道・文化活動が活発かつ円滑に遂行しえたと考えられる。「新道」は同盟通信、朝日、毎日各新聞の記者が中心となった。彼らが帰国したあと、「自由通信」は読売の渋川環樹が編集長となって、読売中心のスタッフで運営されたという。週刊・旬刊誌の俳句欄の選者の石田敬二は昭南奉公会診療所長だったが、ホトトギス派の俳人として昭南俳句会の中心的なメンバーだった。短歌の田中堅輔は前昭南中央病院長である。彼らはジュロンでも医療活動にあたっていた。

当時、シンガポール在住の日本の民間人は約六千四百名。そのほとんどすべてがジュロンに集結した。しかし、軍は加わらなかった。このような環境が整えられるには、軍と民間人とのあいだでそれなりの駆け引き、いきさつがあったようである。『シンガポール占領秘録』で篠崎はその事情を次のように要約している。

自らの希望によって、一般邦人は、軍の指揮を脱し、自力で集結所を建設することになった。そして、シンガポール島の西端の荒地、丘と湿地のジュロンなら、市街からは遠いし、無価値に等しい土地なので、英軍も文句は言わないだろうとの判断で、ジュロンに集結所を建設することにした。

軍でも初めジュロン地区に軍隊を集結しようとしたが、大軍の集結には不適として、軍はジョホール州クルワン地区に集結することになった。それで、ジュロンは一般邦人だけの集結所と決定した。

こうした行動が必要になったのは、「すべての論理が日本の降服によって逆転を来した」（同書）からであり、日本人に対する現地住民の態度が一変したからであった。

しかしながら関の談話からは、軍と民間人とのもう少し複雑な動き、思惑が見えてくる。

（略）日本軍は邦人を守る使命がある、だから自分たちの部隊のいる真ん中に民間人を抑留させて、その周辺には軍が、という計画があったんです。（略）ところが考え方によるとそれは危険なんです。シビリアンならシビリアンといってたほうが安全なんですよね。それでもめるんですね、抑留の仕方で。（略）それで最後には決断が、邦人の側と参謀の方と話し合いがあって、わかれてもいいと。結局ジュロンという抑留候補地を認めることになったんです。

軍の言い分は、民間人を守るというのは口実で、実際にはそのほうが軍にとって有利だったからだろう。いわば民間人を人質にしようとしたのである。そのような軍の身勝手な思考様式は、その後の帰還の際に明らかになる。篠崎によれば「英軍上陸後、ようやく日本軍の連絡将校も保安隊に出入りするようになって、日本人の送還の指示を受けに来た。彼等は、帰還順位を軍人、軍属、最後に一般邦人という方針を提示して来た。（略）しかし、数万の日本軍の帰還が完了するまで、六千名の一般邦人婦女子を後回しにして待たせるというのは、いかにも不合理であった」。篠崎はそのことを英軍の担当者に進言する。

第一回の引揚船、大安丸という戦標B型船（戦時中大量急造された戦時標準型船、五〇〇〇トン級）がシンガポールのケッペル・ハーバーに入港した時、日本軍では、既に乗船準備をして待機していた。

だが、英軍の乗船命令は、ジュロンの一般邦人の集結所に通知された。

（略）日本軍は、連絡将校と病人六十名だけが集結を許された。

小津の立場もほんとうは微妙なところだった。彼の仕事は（実際にはほとんど仕事をしなかったのだが）軍の謀略の一端を担うものだったからである。純粋に民間人といえたのかどうか、解釈次第だろう。関が所属した日映も国策会社で、南方総支社は南方軍との結びつきが非常に強い。支社長の山崎眞一郎は、映画のことより参謀たちとのつきあいで多忙だったという。実際、シンガポールの映画関係者たちは、一度ジュロンの抑留所に入りながら、軍と行動をともにしてクルワン（日本軍の基地があった）まで行く。そこで、このまま軍に従うべきか否かの論争となり、民間人であることを主張する小津、その小津の立場に対する批判も出される。日本的な談合では決着がつかず、非日本的な無記名投票という形をとるのが、議論の激しさを想像させるのだが、結局、小津などの意見が多数を占めて、彼らはふたたびジョホール海峡を渡ってジュロンに引き返す。小津は二十名ほどのスタッフの身柄を預かる重い責任を感じていたであろう。この場面での状況判断の適切さは、後になって証明されたわけである。関の記録では、彼らがジュロン抑留所に戻ったのは、敗戦の三週間後、九月七日のことであった。

関正が持ち帰った資料は、日刊新聞は一九四五年十一月十八日の「本日の報道」一部と「自由通信」が同月二十四日付、第三号以降二十二部。「自由通信」全体の三分の一強か。週刊「文化週報」、旬刊「文化時論」は通号で第二号（十一月十一日）から終刊第十二号（特別号・一九四六年一月二十三日）まで。二、三号は筆者の肩書から見て「新道」スタッフの編集か。しかし、題字は小津の手に成り、また第二号の表紙のカットは関の作品で、新聞より早くからかかわっていたと想像できる。

この「文化週報」には、小津とともに昭南で無為の日々を送っていたシナリオライターの斎藤良輔もコントを書いている。第二号に「考現学異変」（ジュロン・デカメロン第一話）。第四号に「恋文異変」（同第二話）。これを見ても、彼らは抑留所の文化活動に積極的に参加していたと考えられよう。ただ、この号が出た十一月二十五日には、斎藤はすでにジュロンを去っていた。斎藤をはじめ秋山耕作、厚田雄春、浜田辰雄（美術）など小津組のスタッフの大半は、十一月二十三日、第一次引き揚げ船大安丸で帰国の途についた（約三千四百名乗船)。残ったのは小津のほかに助監督の西川信夫、山本浩三。小津と山本は独身だったが、西川は第八号の短歌欄に「向つ峰《を》の護謨の木末に茜さし妹が待つらむひと日暮れ行く」の一首が選ばれているところを見ると、妻帯者だったのだろうか。この歌を原紙に鉄筆で書いたのは、まぎれもなく小津なのであった。

「文化週報」は第二号から五号までが一二ページ、六号から八号まで一八ページ、四六年に入って「文化時論」と改題してさらにページを増し、十一、十二号は三七ページに達した。硬派の論説から教養・啓蒙的な読み物まで、とくに改題後は当初の意図だった日曜付録的な性格から、本格的な総合雑誌を思わせるものになった。

この「文化時論」の十一、十二号(終刊号)に、古財陸男という人が「ジュロン小史」を書いている。八月十八日以来、集結地がジュロンに決定し、九月六日に移転が完了、そこでの生活が、上層部の動向を中心に記述された物で、第二次引き揚げによって十月はじめまでの記録で中絶するが、抑留生活の初期段階を知るうえで貴重な資料である。その二回目に、新聞創刊のいきさつが記されている。それによると「村のニュース機関として」同盟、朝日、毎日の協力で「会報」なるものが発行されていたが、「日本人会の内容に余り深入り過ぎると云ふ批難が町会長側に起り、此に対して編輯の右三社員達は、「会報」は日本人会の機関紙に非ず、村の会報にして村にニュースを与へるものなりと猛然反撃し、遂に二十二日に、「新道」を創刊して言論の自由を高唱したのである」。

彼ら「新道」スタッフが大安丸で帰国して、新たに「自由通信」が発刊した経緯は前述した。四六年一月十日、第五十号に「五十号発刊に際して」という記事があり、それまでの歩みが回顧され、当面の抱負が述べられているが、それによると「新道」は三百部を発行、「自由通信」は二百部から出発して、四百五十ないし八十の部数に達した。「広く公平に全村民へ最新のニュースを伝へ且つまた村民の声の代弁者として村の不正不義に対しては何らの派閥にも執れざる公明自由な言論をもつて是正してゆく立場を堅持するものである」という。その表現のかげに、抑留所内に種々の確執があり、「不正不義」や「派閥」が存在したことをうかがわせる。

編輯長の渋川環樹はのちの「赤旗」の編輯長。「文化週報」で五号から十号にかけて「現代日本の封建性」と題する論文を連載、また他の筆者と論争も展開した。

小津安二郎はこの新聞・雑誌で文化部長の任にあった。「自由通信」四六年一月十六日の「『じゅろん美術会』誕生」という記事、美術同好者の集いの出席者に「小津文化部長」との表記がある。東京の大相撲の勝敗が載っているのは、文化部長の趣味かもしれない。

敗戦国民として異郷に抑留され、いつ帰国できるかもわからず、現状があるいは長期にわたることも考慮しなければならなかった人々にとって、もっとも知りたいニュースは祖国の実情であっただろう。「自由通信」の紙面を見ると、限られた紙面のなかで、そのときどきの日本の状況が最優先で報道されている。また国際情勢に敏感なのも特徴的である。小津が一ページ全部のガリを切っている四五年十一月二十五日の第一面には、次のニュースが並んだ。

「言論自由こそ世界平和の最良手段――言論機関代表者ホルス氏説く」「東条裁判延期」「朝鮮語復活」「食糧棉花塩の輸入許可」「満洲北鮮《（マヽ）》の同胞に飢迫る／引揚げ前途多難」「日本未完成原子爆弾――研究装置の破壊開始」「大相撲秋場所八日目勝負」。比較的大事件のない一日だろうか。だが、それだけに敗戦直後の日常がコンパクトに圧縮されているようにもみえる。二ページ目（小津の字ではない）は、国際ニュースがめだつ。「原子爆弾は機上組立」とか「中共軍北京に迫る」とかあるなかに、「印度国民軍の結末」という数行の記事を、小津はいかなる思いで読んだであろうか。

印度国民軍四万三千の総兵力のうち二万は俘虜となった。軍法会議に附せられるものは極少数である。〈デリ〉

末尾に〈デリ〉とあるのは、情報の入手先を示す。情報は各地の短波による日本語放送から得ることが多く、編輯室にはラジオが据えられていた。この記事はインドのデリーの放送を受信したわけだが、やはりシンガポールの放送を通じた機会がもっとも多かったようである。十二月十七日には「ようこそ‼／日本語放送のナイチンゲール／アラブ女史来村」という、シンガポール放送の女性アナウンサー（戦前神戸に住んでいた）が前日に抑留所を訪れた記事が載っていた。

しかし、この日のトップ記事は「近衛文麿公自殺す／＝きのふ荻外荘で服毒＝」。前日朝の出来事であった。翌十八日には彼の遺書が記事になるが、二面に回り、一面トップは「神道大改革／純粋宗教として更生」。ついで「総選挙の準備全くなる／きのふ改正法案実施」。その下に「農地法案けふ／貴院通過せん」。戦後日本の政治的社会的な激動が逐次伝達される。いつ帰国してもとまどわないだけの心理的準備がジュロンの人々には与えられていたといえるだろう。一方で、初期の「会報」が主要な問題としていたらしい、抑留所内政治の件はほとんど影を潜めてしまった。

話題になるのは、むしろ野球大会であったり（四五年十二月十三日）、新任のイギリス軍警備隊長の紹介であったり（十二月十九日）。クリスマスを祝う運動会などは二ページ目のほとんど全面を費やしている（十二月二十六日）。四六年一月一日からは「村の評判記」と題して名物男女の紹介を連載。内地で女形役者だったという勇《ゆう》さんなどなかなか傑作である。

四六年一月二日、昭和天皇の神格否定の年頭詔書が一ページ全面。「詔書については誤りなきよう万全を期しましたが何分設備不完全なため万一誤りがありましたら謹訂致します」と編輯部の断り書き。解説記事でも「畏くも天皇陛下に於せられては……遊ばされた」というスタイルは、皇室関係ではまだ戦前的意識から自由になりきれない感覚の残存を示していた。それでも四五年十一月二十四日のトップ記事「天皇陛下御親祭／昨日の新嘗祭」で、天皇陛下の文字の上に他の文字があるのは畏れ多いと、上を一字空白にする（とくに戦争末期に普及した）習慣を踏襲していたのに、ここではそれは行っていないだけ、ちょっぴり〝民主化〟したといえるのだろうか。しかし、「文化時論」十一号（四六年一月二十一日）の波山俊夫なる人物の「陛下と共に」では、依然として一字上空白スタイルで書かれていたのである。

ところで、戦後日本の改革のなかでも婦人参政権の問題は、ジュロンでも大きな話題になっていたらしい。とはいえ必ずしも好意的にばかりも受けとられてはいない。「自由通信」十二月十三日には関正が描いた「新参政権者」と題した漫画が載っているが、その絵柄は下着姿のふたりの若い女がアグラをかいて花札をしている図。ジュロンでは男女の居住区域は別になっていたが、風紀の点ではいろいろ問題もあったという。女性の多くは慰安婦であった。それは数万人の日本軍兵士の存在と無関係ではないだろう。四六年一月十日は五十号記念ということで六ページだて。そのうち二ページあまりを費やして所内のインテリ女性、職業婦人による「新時代を語る『女性座談会』」が掲載されて興味をひく。しかし、婦人参政権に関しては、意外にも時期尚早という消極的な態度が多い。そこに民主化祖国と切り離された女性たちの〝新時代〟とのギャップをみるべきだろうか。

こうした動きをよそに、小津文化部長はひたすら題字とカットに専念していたようである。とくにカットは当初のシンプルなものから次第に複雑精緻なものに進んでいく。十二月二十六日になると、とうとう蕪村の句などをあしらうようになる。四六年一月一日には「長松が親の名でくる御慶かな　野坡」。一月二日は大伴家持、三日は小林一茶、六日に山上憶良、十六日は現代にとんで山口誓子。その彫琢をきわめた工芸品を想わせる完成度は、彼の映画のワン・カットに匹敵する〝小津作品〟といえるものである。四六年に入ってからの「自由通信」、とくに末期のころがほとんど残されていないのが惜しまれてならない。

日刊新聞の即時的伝達に比べて、週刊・旬刊誌には読ませる文章が並ぶ。編輯部ばかりでなく、抑留所内のインテリとおぼしき人々（の一部）も執筆したようである。現存するなかではいちばん古い「文化週報」二号（まだ新聞は「新道」の時代）の巻頭は「自由主義について」と題した渋川の啓蒙的論説である。硬派の論説にはじまって趣味的随筆へ、という構成。海外の雑誌の記事からの紹介も目につく。六号、七号には東京で放送されたラジオドラマ「戦争はかく計画された」が台本の形で掲載される。

「ジュロンの植物」や「熱帯の果物」を寄稿した郡場寛は昭南植物園の園長だった人。「罐詰の話」の筆者宮内寿恵吉と山田政敏は水垣産業社員との肩書あり。元女義太夫語りの料亭の女将による「義太夫談議」では「彼女の自伝」の一節がおもしろい。ジュロンでの生活、体験を記した読み物は、いまとなっては記録としての価値があるのではなかろうか。

『シンガポール占領秘録』の著者など、当然登場すべき人材だっただろうが、日本の占領行政に深くかかわっていた篠崎は、一度はジュロン入りしたものの、すぐにイギリス軍に連行されたのである。

「文化時論」第十号（一九四六年一月十一日）には小津安二郎の談話「今後の日本映画」が掲載された。過去にすぐれた作品を生んだ日本映画を低迷させた映画法の弊害を難じ、戦時下昭南で見たアメリカ映画から写実主義の傾向を評価し、そこに明るさ愉しさをもたせるところに戦後の日本映画の行くべき路を示している。小津はこのとき、すでに帰国してからの活動を視野に収めていたのではないだろうか。
同じ号の短歌欄（あいかわらず小津が書いていた）では、助監督の西川信夫の作が特選に選ばれている。

あたらしき春はたぬしもはしきよし妹に行き見む年とおもへば

一九四六年一月二十六日、第二次引き揚げ船朝嵐丸出航。船上でも引き続き日刊「朝嵐通信」が発行されつづけた。しかし、それには小津は加わっていなかったようである。ジュロン抑留所時代の小津がいちばん解放されていたと感じていた関正は語る。

ですから私は、引き揚げ船に乗ったとたんに、元の小津さんに変わったと感じた。顔が違いますよね。もう内地を意識している。

関は帰国後共産党系の日映演（全日本映画演劇労働組合）に属し、一度も小津に会わなかった。彼が持ち帰った、ジュロン・ジャーナリズムの夢の跡、その原資料は、横浜の日本新聞博物館に収蔵されたと聞いている。

連句とモンタージュ

古本屋で見つけた演劇評論家尾崎宏次の著書『戦後のある時期』（一九七九年刊）の冒頭に、当面の主題にかかわる興味深い証言があったので紹介しておきたい。彼は「東京新聞」（一九四二年の戦時統合以前は「都新聞」）の演劇記者だったが、召集されて最下級の一兵卒として敗戦を昭南市（シンガポール）で迎えたのである。

九ヵ月ほどいたシンガポールで、私は二人の知人にあい、一人の友人にあいそこなった。

司令官官邸の警備が終って、その日は官邸内のプールで遊ぶことになった。夕陽が沈むころになると、南の空は赤と紫の絵具を散らしたような色になった。少し高いところにあるプールへ、階段をあがっていくと、誰もいなかった。兵隊がどやどやあがって腰をおろすと、その誰もいないと思ったプールのまんなかへんに水がゆれて、抜き手でこっちへ泳いでくる人がいた。波紋が底に映るようであった。その人は偶然私の目のまえにあがった。私は胸がどきんと打ったような気がした。

「小津さん」

思わず大きな声をだした。小津安二郎の大きな体と笑顔があった。短い話をした。毎日こんなことをしているよ、と言った。私たちは、小津監督が映画をつくるために南方へ派遣されたということをはやく知っていたが、かれはひとこまも撮らずに終った。私はそのとき、プールにひとり浮いていた小津安二郎に無言のレジスタンスを見たと思った。戦後出版された『小津安二郎』という大型本に元軍人が、もう少し長くいたら彼は傑作をつくったであろう、ということを書いていたが、追悼にもならない愚文だと思った。

「ひとこまも撮らずに」というのは、事実とはやや異なる。小津が昭南に行ったのは、大本営が企画した、インドの植民地解放＝反英闘争を目的とするインド国民軍を主題とする映画の製作のためで、撮影も少しはしたようである。小津は、インド国民軍の総帥チャンドラ・ボースにも会っている。しかしインド国民軍は、一九四四年一月、インパール作戦で日本軍と行動をともにし、敗走し、潰滅した。その後は小津とスタッフたちは、なすところなく昭南に無聊の日々を送っていたのであった。

「戦後出版された『小津安二郎』という大型本」とは、没後出版された『小津安二郎・人と仕事』（蛮友社、一九七二年刊）を指すのだろう。尾崎があげつらっているのは、それに寄せられた高木秀三（当時少佐、光機関所属）の一文であるが、いわば紋切型の挨拶のような表現で、別段目くじら立てるほどのものではない。

尾崎のこの記述が格別興味深い理由は、「泳ぐ小津安二郎」の目撃証言という点にある。彼は子供時代に泳いで足がつった体験があるとかで、それ以来、水泳という言葉は彼の辞書から脱落していたはずであった。その小津伝記の定説に反する異例として、これは珍重すべき記録といえよう。一九四五年、日本の敗色が決定的となって軍人も在留邦人も浮き足立つ直前のころの出来事だろうか。ちなみに尾崎がその地で会った知人のもうひとりは高屋朗《ほがら》（浅草の舞台の喜劇俳優）、会えなかった友人とは宇野重吉であった。


小津のシンガポール時代は、彼の生涯のなかでも知られるところがもっとも少ない時期であろう。戦時に外地にあって、戦局が不利に傾いて連絡が困難になり、また内地のメディアも情報を伝達する機能は麻痺していた。帰国後も、小津は敗戦前に日本軍が接収したアメリカ映画を数多く見た話題のほかには、多くを語っていない。任務が任務であったから、聞く側もふれるを憚る時代の風潮だったのではないかとも考えられる。

とにかく、インド国民軍に関する映画の製作が事実上不可能になってからの小津は、生活は保証されていても失業同然の身。敗戦後の抑留生活ではなおさらのことである。しかし、彼にとって、そのような無為の時間は必ずしも無駄であったわけではない。もともと無為であることを好み、昼寝が道楽と称した人物である。当時の状況からして自由な仕事ができないのであれば、むしろ積極的に無為の時間として充電期間にあてるしかあるまい、と考えたであろうか。映画演出の力量が充実していたその時期の彼にとって、〝二年半の休暇〟はいささか長すぎたのではあったけれども。

彼の遺品のなかに、シンガポール時代のノートブックの類が現存する。読書ノートとおぼしきものがある。日本占領下の昭南市で、彼は生涯でもっとも多くのアメリカ映画を見たのだったが、読書も内地で仕事に追われるなかでよりは落ち着いてできたであろう。ところどころの抜き書きが散見する。その他に自作の俳句を書き連ねている。なかに詞書きを付した次のごとき句があった。

昭南に来りて八旬に垂《なんなん》とす。

たま〳〵徒然のまゝ烏鷺の戦を催すに岡目八目旬日にわたり昭和甲申神無月六日芽出

度くこれを了る。
白もてバ指につたハる
今朝の秋

一九四三（昭和十八）年十月六日。一年中暑いシンガポールでも、秋の気配を感じたのだろうか。この日から逆算すれば、彼の昭南到着は七月中旬ということになる（碁の打ちはじめから遡れば上旬か）。しかし、その年は干支でいうなら癸未《みずのとひつじ》であったはずである。甲申《きのえさる》は翌年でなければならない。これは小津の思い違いであろうか。

次の短歌の場合は、翌年だから記述との矛盾はない。

昭南に来りて年あり。再びの秋。昭和甲申。昭南オーチヤドロードに眼を病ミたる一老生の生姜を鬻《ひさ》ぐを見たり。たちまち望郷の念やミ難く芝神明の生姜市を懐しむことしきりなり。依つて購ひ皈《かえ》りて刻ミて生姜味噌となす。一献傾けてこれをねぶるに芳草にハ及バずと云へども鴻雁の羹《あつもの》にまさること万々たり。この日、偶々十月十五日、台湾東方海上に大戦果ありけれバ、
ゝ久方の吾が皇軍の験あり薑《はじかみ》の味噌ねぶりつゝ聞く

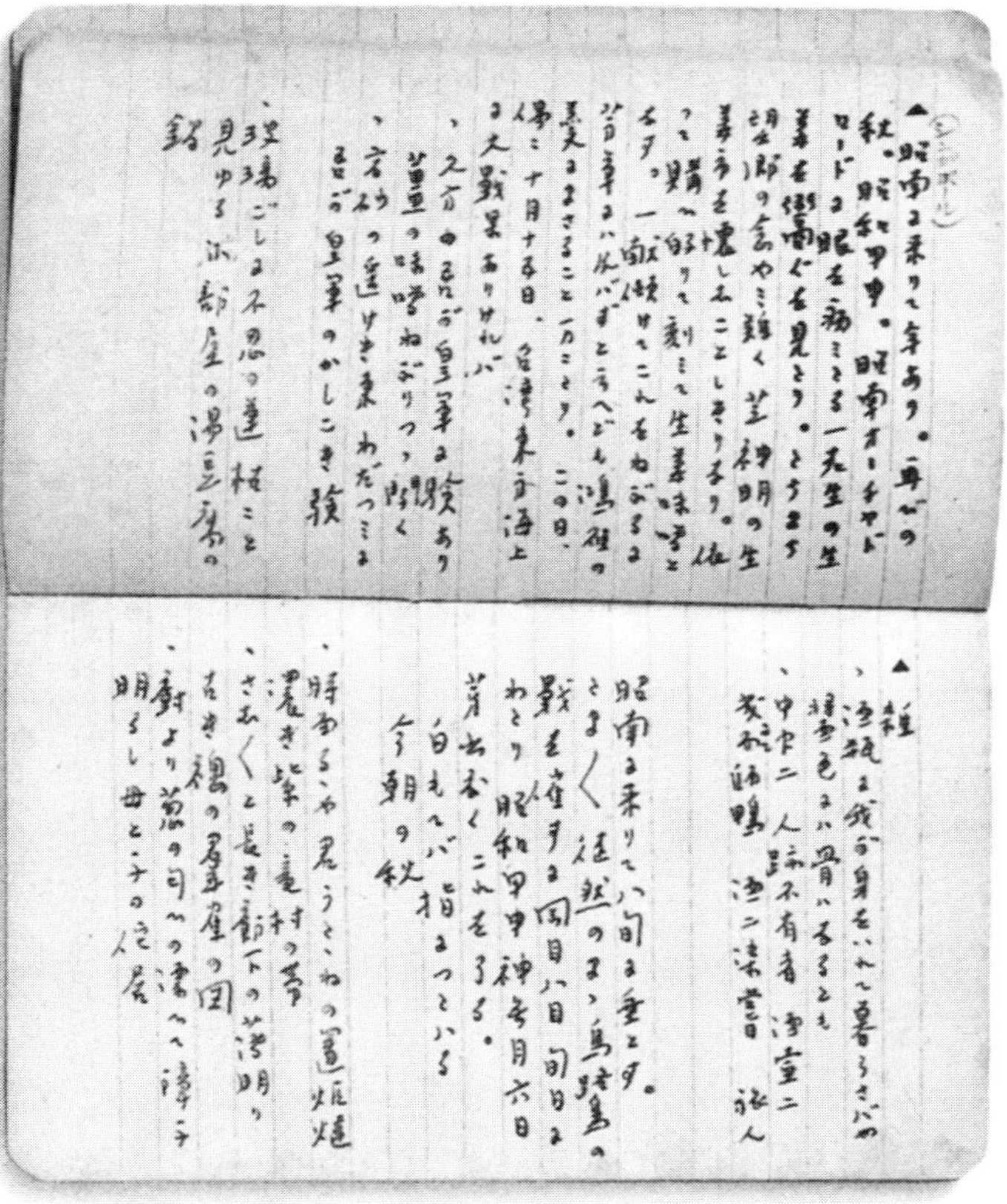

シンガポール時代の小津のノートブック
（鎌倉文学館蔵／協力・小津ハマ）。

、高砂の遥けき東わだつみに吾が皇軍のかしこき験

もっとも、彼のノートに短歌の作例は少ない。俳句のほうがはるかに多い。その傾向は、一九三三年以来、彼が日記にときどき記した場合と同様である。塘眠堂と号した。日頃愛誦した朱熹の作ともいわれる『偶成』の一節、「未ダ覚メズ池塘春草ノ夢」に拠ったと考えられる。シンガポール時代のノートに記されたのは七十句あまり。いずれも同地での作なのだろうが、そこを舞台装置としたものは意外に少ない。

秋の蝿八年のいくさ長かりき
地球儀にカンナの昼のうつりおり〔ママ〕
無憂華に赤道の雨ふりそゝぐ
十六夜や十景火鍋《ちゃふけんふうこ》啖上ぐ

結局、内地の日々に想を得たものが大半を占める。望郷の思いというよりも、常夏ともいえそうなシンガポールでは、季節感が希薄で俳句的感興を触発されなかったのではないか。内地の地名を入れた作も目につく。

四谷より菊もらひけり明治節
湯豆腐に不忍の池昏れそめる
青楓膳所の宿屋のしゞミ汁
大原女が月見の芒おいて行く
葛飾のげんげ田水漬き日《ひな》曇る

全体的に、塘眠堂句集はイメージをスタティックに固定する傾向が強い。わびさびの芭蕉より、視覚的、絵画的であるとともに物語的であるところは、むしろ蕪村に近いように思える。これは彼の映画的資質ともかかわるであろうか。

時雨るゝや大戸おろせし鍛冶屋町
行く春や雪洞灯す苔の上
時雨るゝや古き襖の五位の鷺
短日や針のさきのミ暮れのこる
寵《おもひもの》 君爪剪る庭の断腸花

まずまずと思える作を拾ってみたのだが、全体的には凡庸、月並の類が多いというのが正直な感想。俳句に関しては、久保田傘雨（万太郎）に師事した五所亭こと五所平之助のほうが一枚うわてとみるべきだろう。五所は小津の没後、映画監督協会の理事長をつとめたが、晩年は俳人協会の監事も兼ねた、プロの俳人でもあった。その彼に比べれば小津にとって俳句はあくまで第二芸術にすぎなかったようである。

そうはいっても、小津の俳句のなかには賞すべき作も見いだせる。まったく私の個人的好みであるけれども、いくつか抜き出してみよう。

噴煙や二百十日の海の上
佩刀を群がる蝿の草におく
大安の薔薇《そうび》顫へつ膝にあり
鎔接の火華やわれに遺伝あり
浚渫のしたたる泥に草なぐる
秋風や黄瀬戸の鉢に盛る葡萄

季語らしきものが見当たらないものもあるが、イメージは新鮮である。新感覚といえるではないか。

ところで、この三句目から五句目は、じつは独立した発句としてつくられたのではない。もともとは連句の付句だったのである。俳句（発句）は以前から嗜んでいた。ところが、連句はシンガポールに来て、しかも戦後の抑留期間に新たに覚えた趣味であった。

一九四七年、まだシンガポールの記憶醒めやらぬ時期のインタヴューで、小津はその件についてかく語った。

（略）やがて終戦となり、向うの収容所に入り、帰還するまで労働に従事してました。ゴム林の中で働らく仕事を命じられ、そこに働いているあいだ暇をみては連句などをやっていました。撮影班の一行がその仲間なんです。故寺田寅彦博士もいわれていたが、連句の構成は映画のモンタージュと共通するものがある。われわれには、とても勉強になりました。（飯田心美「小津監督は語る」、「キネマ旬報」一九四七年四月号）

その連句の試作三例がノートに記録されている。一巻の後にあとがきめいた一文を付して、そもそもの動機を述べている。

墨汁一滴を繙くに偶々連句作句上の約束を見たり。ジヨホール日本人収容所にて徒然のま丶中西不羈、浜田帚白、小津塘眠堂相集ひ連句をなす。もとより始めての試み連句の体をなさずと言へども心織想染一句虹と吐き二の句ハたとやむ。己の順に至る戦々たること薄氷兢々たること屠羊に似たり。その出来栄連句に似て非なりと云へども怪むに足らず。若し錚々の君子一読以つて可とせんか吾等が作句の秀れたるに非ず君子にそなハる憐憫謙譲の美徳のしからしむるところ、吾等三人寄れバ文殊の智慧と云爾。

誰かが私物として持ち込んだ本を借覧したのだろうか、たしかにノートには正岡子規著『墨汁一滴』からの当該部分に関するメモが記されている。浜田帚白が美術の浜田辰雄であることは明白だが、もうひとりの中西は、小津組スタッフの常連ではないようで、つまびらかでない。二度目、三度目にはさらに助監督の山本浩三（青枕）、塚本芳夫（雨粧亭）も加わる。なお、ジョホールの収容所というのは、ジュロンとするのが正しいだろう。

さて、ここで問題となるのは、小津も名前を挙げた寺田寅彦の映画論である。物理学者にして名随筆家吉村冬彦としてあまねく知られたこの人物については、なんの説明も必要ないだろうが、一八七八（明治十一）年に生まれて一九三五（昭和十）年に没した彼が、晩年にしばしば映画を語って、豊かな教養をもとにユニークな見解を披露して専門家を驚かせたのも、いまでは忘れられた昔語りであろうか。

そのころ（一九三〇年代）、映画の人気がいや増すにつれて、専門外の知識人たちが映画を語り、論じ、批評する風潮がめだつようになってきた。とくに文筆で渡世する文士連中が多い。ジャーナリズムにも話題性や商品価値の点からそれを歓迎する気分がなかったとはいえない。しかし、寺田寅彦の映画論はそれらとは明確に異なるものであった。よくある文学側からの我田引水的で客観性を欠いた印象批評ではなく、映像の芸術としての映画の本質にかかわる問題提起だった。それだけに彼の所説は映画の専門家側からも注目されたのである。寺田の映画論の核心は「映画のモンタージュ技法は、連句の構成に似ている」という着想にあった。

寺田寅彦が映画についてまとまった文章を発表しはじめたのは一九三〇（昭和五）年、「思想」九月号に発表したエッセイ「映画時代」あたりからだろうか。この文章と「日本文学」一九三二年八月号掲載の論文「映画芸術」とが、彼の映画論議の代表的なものと考えられる。読者としては、回想から書き出される前者に、まず興味をひかれる。

それによると、彼が日常的に映画を見歩くようになったのは、さほど古いことではなかった。はじめて見たのは、映画が発明され渡来して間もない時期であったらしい。一九〇九―一〇年のドイツ留学時代にも見に行った。だが、帰国してからは疎遠であった。それが、専門の物理学の分野の関心から、アメリカ映画『つばさ』（監督ウィリアム・ウェルマン）を見た。一九二八年日本公開作品。その後必要と興味に応じて種々見歩くうちに、ひとかどの映画通になってしまった。そこから彼の映画論も出発するのだが、しかし、この「映画時代」という文章の意義は、彼が体験したいわば映画前史の部分にある。言葉を換えれば、それらを映画前史と位置づける発想に、彼の映画論の立場がある。それはイメージとポエジーの人工的創出の歴史である。

寺田寅彦にとって、映画はリュミエール兄弟からはじまるのではない。エジソンからでもない。一八八〇年代のおそらく前半、四国高知の在。彼は東京の生まれだが、父の勤務の関係で幼少のころそこに移り住んでいた。親類の饗宴に招かれた客が余興など演ずるうちに、ある大工の影絵の踊りがあった。「寺田寅彦の映画史」はそこからはじまる。

（略）それは、僅に数本の箸と手拭とだけで作つた屈伸自在な人形に盃の笠を着せたもの、影法師を障子の平面に踊らせるだけのものであつた。其頃の田舎の饗宴の照明と云へば、大きな蠟燭を燃やした昔ながらの燭台であつた。併しあの蠟燭の焰の不定なゆらぎはあらゆるもの、陰影に生きた躍動を与へるので、此のグロテスクな影人形の舞踊には一層幻想的な雰囲気が附纏つて居て、幼い吾々のファンタジーを一種不思議な世界へ誘ふのであつた。

彼にとってイメージの芸術の原体験となった素朴な影絵人形から、幻灯器械へ進化したのは小学生のころである。高知の劇場で公開されたのだが、「見て来た人の説明を聞いても、自分の眼で見る迄は、色彩のある絵画を映し出す影絵の存在を信ずる事が出来なかつた。そして始めて見た時の強い印象は可なり強烈なものであつた」という。彼の父が東京の博覧会見物に出かけて、土産に幻灯器械を買ってきたのが一八九〇年。この幻灯の段階で、映画という言葉を彼が使っているのは注目に値する。それはのちに出現する「活動写真」としてではなく、「映された画」または「映される画」という意味だが、そこに彼がいかに「映画」をとらえたかが表示されていると思われる。

（略）其外に活動写真の先祖とも云はれるべき道化人形の踊る絵があつた。眼を開いたり閉ぢたり、舌を出したり引込ませたりするやうな簡単な動作を単調に繰返すだけである。又美しい五彩の花形模様のぐる〳〵廻りながら変化するものもあつた。此んな幼稚なものでも当時の子供に与へた驚異の感じは、恐らくラヂオやトーキーが現代の少年に与へるものよりも或は寧ろ数等大きかつたであらう。

（略）活動写真を始めて見たのは多分明治三十年代であつたかと思ふ。夏休みに帰省中、鏡川原の納涼場で、見すぼらしい蓆囲ひの小屋掛けの中であつた。（略）此れも「見る迄は信じられなくて、見れば驚くと同時に、やがては当然になる」種類の経験であつた。兎も角も、始めて幻灯を見たときほどには驚かなかつたやうである。

長じて窮理の学を志し、科学者の道を進むかたわら、十歳年長の夏目漱石と親交を結び、正岡子規を知り、漱石主催の文章会「山会」のメンバーでもあった寺田寅彦には、俳句・連句の知識は豊かだった。久しく遠ざかっていた活動写真＝映画に再会して、その成長ぶりに驚くとともに、そこにイメージの飛躍と合成の芸術として、連句との相似を直感したのは、彼ならではの創見であり、それ自体が連句的・モンタージュ的着想でもあったといえよう。

体系的な映画学概論として書かれた「映画芸術」には「映画と連句」と題するパートがあり、たとえば次のごとき文言を見出す。

映画の光学的映像より成る一つ〳〵のショットに代はるものが、連句では実感的心像で構成された長句或は短句である。さうして此等の構成要素は其のモンタージュのリズムによつて或は急に或は緩かなる波動を描いて行く、即ち音楽的進行を生ずるのである。

あるいは、

此のやうに、映画の画面の連結と連句の句間の連結とは意識の水準面の下で行はれるときにはじめて力学的な意味をもつのである。例へば水面に浮んで居る睡蓮の花が一見ばら〳〵に散らばつて居るやうでも水の底では一つの根につながつて居るやうなものである。

日本文学の伝統である連句と、ソヴィエト映画が発明したモンタージュ技法という意外な組み合わせ。寺田寅彦の映画論は、従来の映画批評にも外部からの局外批評にも類例を見ないものであったから、少なくとも専門家のあいだでは話題になった。小津安二郎も当然知らぬはずはない。寺田の著書『蛍光板』を買ったことは日記にも記されている。おそらくは寺田の所説を想起しながら試みたであろう、小津組スタッフたちの連句のうち、小津塘眠堂、中西不羈、浜田帚白による初回の作を採録しておこう。

なか〳〵に踊らぬコプ〔ママ〕ラカンナ燃ゆ　羈
人散りハて、来るスコール　帚
かんバせの青きハ窓の芭蕉にて　塘
針を運べる若き人妻　羈
過ぐる日の手紙もかなし今日の月　帚
宵待草のぽつかりと咲く　塘
ガスタンク時雨のすぎて行秋や　羈
渡舟ハつきて大きく揺ぐ　帚
橋一つ渡れバ宵の人どほり　塘
提灯けしてくゞりぬけ行く　羈
天地のしづもる夜や大いなる　帚
通しかねたる縫針のめど　塘
月暈や思ひ煩ふことバかり　羈

秋立ち行けり雨戸うつ風　帚
無花果や出水あかりのほどきもの　塘
朗々として謡きこゆる　羈
フリージヤピアノ弾く娘の今ハ亡く　帚
三面鏡《かゞみ》にうつる若芝の庭　塘
風光るテニスの球のゆき返り　羈
見えかくれつゝバス登りくる　帚
旗ハ垂れ湯の町に今日遺骨つく　塘
額に白く黄昏せまる　羈
よき人のあるや隣室《となり》のしゞまなる　帚
鯉のハねたる縁先の闇　塘
ひと日昏れまだ篩ふらし竹落葉　羈
宴会ハてゝ千鳥足ゆく　帚
新任の部長ハ伊予の国ことバ　塘
あぎとに深き三日月のきず　羈
後の月千々にくだける出船かな　帚

横浜ドック夜業つゞける　塘

転任の仕度終りぬ天の川　羇

貸家をさがす人のうるさく　帚

武蔵野の空をうつしてバス馳る　塘

車内広告新線開通　羇

蒲公英や東原遠く十八里　帚

去年のつバくろまた皈りくる　塘

謙遜するほどの拙作ではないにしても、特別上出来と狂喜する気にもならない私は、しょせん君子の柄ではないのだろうが、シンガポール時代の小津の俳句・連句を見て、のちに、俳句を媒介として小津と「わび・さび」とを直結する思考とは、多少異なる感覚を確認することに、ひとつの感興を覚えたのである。

II

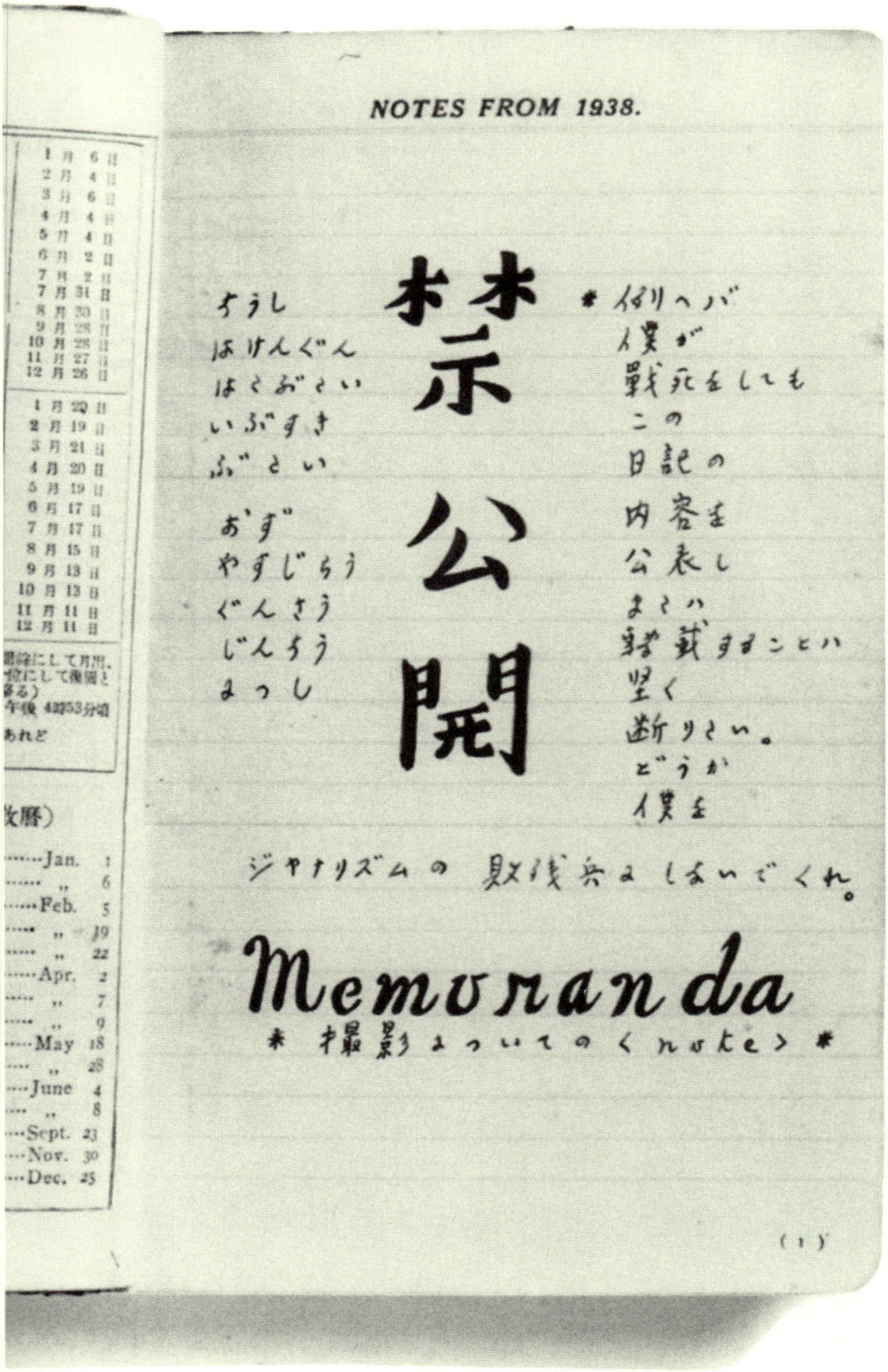

NOTES FROM 1938.
禁公開
ちうし
はけんぐん
はくぶさい
いぶすき
ぶたい
おず
やすじらう
ぐんさう
じんちう
にっし
＊例へバ
僕が
戦死をしても
この
日記の
内容を
公表し
またハ
転載することハ
堅く
断りさい。
どうか
僕を
ジャナリズムの 敗残兵にしないでくれ。
Memoranda
＊ 撮影についての <note> ＊
(1)

小津安二郎陣中日誌

中支戦線にて読書する小津。142ページ・「陣中日誌」冒頭（鎌倉文学館蔵／協力・小津ハマ）。

凡　例

* 　ここに収録するのは「小津安二郎陣中日誌」（鎌倉文学館蔵）の全文である。ただし、「住所録」における住所表記は割愛した。
* 　表記については、原則として常用漢字は新字体を使用、かなづかい、おどり字は原文どおりとしている。句読点の有無も原文のままである。
* 　明らかな誤記は訂正、小津の慣用にあたる表記は生かした。判読不明の文字は○とし、直後の〔　〕内でその旨記した。また現在では不適切と思われる表現、差別語とされる表現は、歴史的資料としての性格上そのままとした。

読書ノート

▲十二月号の文芸春秋で　武田麟太郎が文芸時評をやつてゐる。その中で土と兵隊に関して下記の如くに述べてゐる。

＊平和の飛躍した継続である戦争の場合はまた今日の複雑多岐に発展した現実社会の象徴とも云へるだらう。烈しい物理力で以て　集約し凝結させた現実の見本である。その象徴の形態は外観は単純に見えて　内容に怖しく複雑なものを含んでゐるにちがひない。さうした戦争の客観的性質は　戦争に於ける兵隊の思考感情の端々にも同じやうな性質を与へてゐる。私はそれを土と兵隊に見ることが出来た。こゝに描かれてゐる各人の思考感情の美事な単純さよと感嘆の声をあげたくなるほどであつた。そのことがこの作品の根柢の魅力の一つになつてゐる。しかし　云ふまでもなく　単（唯）の単純ではない。複雑な夾雑物を濾過して来た、あるひは死とか無とかの掛引を許されぬ危機の朽木によ

つて　ぐいつと複雑な境地のだぶついた皺を絞りあげたやうな、そんな単純さである。

＊また正月号の三田文学に北村小松は云つてゐる。

＊軍隊の生命は軍規で、軍規とは絶対的な命令と服従の関係の上になり立つてゐる規律だ。軍規のない所に軍人精神は存在しない。軍人精神とは軍規を有機的に活動せしめる人格の事だ。戦場に於ける戦争は軍人によつて遂行される。だから戦場に於ける戦争を描いた文学は　軍人としての人格を把握した人間、軍規の中で活動する人格から生れなければならない。僕はさう信じてゐる一人である。

〈中略〉それは軍隊に関する知識をもち　軍隊と一所に居住して　戦争を体験しても、軍規の中にはいり込まぬ限り戦争の真髄は描けないと僕は考へてゐる。火野君の〈麦と兵隊〉〈土と兵隊〉を見ても　それがはつきりと感じられる。

僕はかつて軍隊にあつて軍規の中に生活した事がある。だが僕の生活は平時であつた。だからかつて軍隊生活をした僕にでも　戦争に於ける〈軍人〉は手のとゞかぬほど深い心理の底にあるのである。＊

だが僕に云はせれば火野葦平に文句がある。麦と兵隊は一報導《ママ》部員の見た徐州参戦日記として、同じ頃徐州会戦に参加した僕にも、たとへば麦の海なり麦畑を横切つて進む行軍なり、時にはよりどころなく感じる銃後に対しての忿懣なりに、共感の点があり、敵襲に際しての作者の措置行動にも頷かれるものがあつた。

　だが土と兵隊は甚だ感心しない。巻頭しばらくの船上生活はしばらく措くとして、上陸後の部分は甚だこまる。あれでは少年小説の域を出ていない。甚だ意地の悪い見方をすれば、これは火野葦平のその仲間のその上官のそれ等への総花式の功績報告書だと云へないこともない。もつと兵隊は複雑だ。深い心理的のものをもつと捨て切れず　清算出来ず最後の時にまで持つてゐる。逸早く清算したつもりの男も最後の時が来たと思ふと一応再び繰返してみる。もつと心理的な深さを、そしてこの深さを捨て丶単純になる経過を書くべきだ。土と兵隊にあらはれたあんなシンプルな兵隊はこの部隊には居ない。僕は深い心理的なものを捨て切れず　こだわる《〔ママ〕》ことなしに何時となく単純の行動に統一されて行く時に軍の美しさがあると思ふし、書くのならこ丶を強調してほしいと思ふのだ。初めから一杯気嫌《〔ママ〕》の、または真向から人道主義的の　あんな少年読物風の勇敢なる侍の話は真平だ。火野自身にしても軍に対して少しくお土砂をかけすぎたのではないか。軍の知遇に感じて少しく脂つこく御用を相つとめたと思はれるふしが仲々多いのだ。

武田にしろ北村にしろ火野には文句のない無上の喝采を送つてゐる。たとへば震災のどさくさに兵隊に対して　万腔《ママ》の感謝と信頼を捧げた様に、事変に際しても同様に、宛も自分達とは全く無関係の強力な信頼するものとしてみてゐる。軍の行動は軍規ある軍人精神のある人格が遂行すると云つてゐる。全くその通りである。だが軍規が、軍人精神が、北村の考へてゐるほど手の届かないところにあるものではない。軍の行動がある。そこには軍規が当然必要だ。この軍規を守つて行動するのが兵隊なのだが、この兵隊が一応に軍規のもとに教育された兵隊と限つてゐない。予備がゐて後備がゐて未教育がゐて　親があつて子があつて妻があつて　金銭の　家庭の　社会的のさまざまの、いささかも地方人と違はない　地方人の集りなのだ。その地方人が動員されて一朝にして兵隊になる。そこには軍人精神が、軍規がすでに待ちかまへてゐる。こゝに大変な心理的な飛躍がある。地方人は一朝にして軍人としての行動を要求される。

　手のとゞかぬ深い心理の底にあると北村の云つてゐるのはこゝだらう。だがこの飛躍を見過していけない。この飛躍が何処までもついてまわる。この飛躍がこだわる《ママ》ことなく身について行動する時に軍の美しさが生れるのだ。葦平はすぐさま勇敢に行動してゐる。だがこの飛躍をもつと書くべきなのだ。批評家は兵隊とは生れながらに関係のない人種の如く、この事には思ひ至らずに少年的憧憬をもつて無上の喝采を送つてゐる。ジヤーナリズムの波にのつてゐる。僕はこゝに反戦的なものを望んでゐるわけでも、勇敢ならざる兵卒の手記を欲してゐる次第でもない。誰しも勇敢な兵隊であることには火野葦平とかわりがない。だがもつと思慮は深い。こんな薄ぺらの人道主義をもつて戦争はしてゐない。もつと腹の底では大人なのだ。

本当の戦争文学が生れるのは　この事変がすんで五年なり十年ののちだ。そのうちにはきつといゝものが生れると思つてゐる。火野葦平にしても報導〔ママ〕部の隅の机で、何ときら星の将官の傍では、軍人ならざる軍人の従軍日記は書けないかも知れぬ。器用な火野葦平にしてもだ。それにしても、どう転んでも兵隊になりさうにもない完全な絶縁の外にある文芸批評家が戦争の激しさも知らないで　机の上の想像とグラフとニユスの知識で物を云つてゐるのは困る。

軍規の中にはいり込み戦争を体験しない限り戦争の真髄は書けないと北村は云つてゐるが　同時にまた軍規の中にはいり込み戦争を体験しなければ戦争文学は批評出来ないとも思へる。一国の文化運動の上からみて戦争を論じた文学なら別だが　麦と兵隊や土と兵隊の様な描写ばかりのものはだ。

内地の電気の下でお茶をのみながら土と兵隊の作者に送る無上の喝采は、単なる銃後の御愛想だと思ふ。

これは火野葦平にして淋しがつているし　僕が銃後に忿懣の情禁じ得ないのもこゝなのだ。こんなどさくさの中で谷崎潤一郎が源氏物語を書き上げてゐる。里見弴がじつくりと腰を落ちつけて鶴亀を書き流してゐる。この方がどんなに嬉しいか。

戦争がはじまればペン従軍隊だ何だと　あとのあとから戦場にやつて来て十日か二十日、それもあらかた司令部あたりでお茶を呑んで、大砲の一つもとんで来やうなら腰をぬかす手合の、皈れば皈つたでそゝくさと従軍記をでつち上げるお先棒のジヤーナリ屋の多い中で、谷崎の里見の何と嬉しいことかだ。戦争は一つの文化運動だ。向上線に向ふための一つの運動だ。手段だ。そのつもりで喜んで戦争してゐる。だがジヤーナリズムがこの間に介在して猶太的役割を演じてゐる。文学は文学の本質から離れて雑文的猥雑に堕して混沌と目鼻がつかない。と云へば、怒られるかも知れん。

未曾有の非常時で国を挙げての瀬戸際だ。文学も文学の持つ凡ての能力をこの際国策に副ふ一助に役立てるのが至当だと。その意味から鶴亀など、時局に全く無関心の閑人の低徊の戯作だなどと思つてゐる向もたしかにあるだらう。

だがしかし、百の麦と兵隊より千の土と兵隊より一つの鶴亀の方が嬉しかつたと現に兵隊の　生還を期し難い前線の僕が思つてゐるのだから致方ない。

文学は文学でもう一度考へ直す必要があるのではないか。

さうしないと文学は　戦争文学流行の波にのつて母屋をとられ、戦争文学はお先棒の宣伝文案に堕さないとも限らない。

▲文芸春秋二月号に　志賀直哉素描――茶谷半次郎がのつてゐる。感ず。その中の志賀氏の言葉を抜萃しておく。

＊今の批評家が小説の内容としてゐるものと、僕が考へてゐる内容とは違ふと思ふのだ。材料といふものが内容と考へられてゐやしないかと思ふのだ。僕は材料はなんだつていゝと思ふ。例へば西鶴の小説なんか材料は実に何でもない。だが西鶴の小説は決してなんでもないものではない。僕のいふ内容といふのは　それなんだ。

＊アランといふ人の散文論を前に読んだが、アランは調子のある文章は純粋な散文ではないといふ説なんだが、それは僕も同感なんだ。――僕は調子が出てくると続けて書くのをやめることにしてゐる。――僕は調子のある文章は兎に角散文としては邪道だと思ふ。

＊内容さへよければ文章はどうだつていゝと云ふ事はあり得ない。文章も何も彼もで一つの芸術を形造るのだからね。

＊自分を大事にしない人は信用出来ないね。

＊独立した芸術には向ふからこちらへ来るものがある。趣味の世界のものはこちらから愛撫するスキがある。それはまた非常に強い魅力だ。だからどうかすると、よい意味でだが瞞される。しかしどんなに魅力があつても独立した芸術と一緒には考へられない。

＊自信のある作品だからつて値段を高くする。さういふ標準はどうかね。もし非常に自信のある作品の場合にはいくら高い値段をつけても　満足出来ないものではないかね。僕に云はせば値段のことは　誰か適当の人に任して、君は只出来るだけよい仕事をしようと云ふことだけを考へて仕事をしてゐればい丶と思ふ。

＊芸術の仕事は、別の仕事により以上の関心を持つ人が、片手間にやつて出来るやうなものでない。

対敵士兵宣伝標語集　江西省奉新城内にて拾得

〈国民政府軍事委員会政治部〉

凡例

一、為便利政工人員対敵士兵宣伝工作及各種訓練班日語教育起見、編製本標語集

一、本標語集所載、多係一般性質之標語、其有特殊性者応根拠時間地点及具体事実、由各級政工人員自行添増之〈如台児荘潞城等地敵人困戦敗焼殺重傷兵各戦場発現日兵自殺均可製宣伝品〉

一、本集標語応由各級政工人員随時随地大量翻印散発之、在我軍可能退出地点及沿途、則広為塗家。

一、各部隊応挑選口歯玲悧兵若干名、組織日語喊話隊、明録中之日語呼喊口号、可作士兵日語教育之課本。

※説明我国抗戦優点及勝利前途者

A　闡明我国抗戦意義及堅強信念

①我等は世界平和の盾、東洋の自由と和平のためにたたかふ！　どうして君は無益な血を流そうとするのか？

〈訳文〉我們是世界和平的保衛者、為東洋之自由和平而戦、諸君是為着什麼流灑宝貴的血呢？

②中国は民族解放聖戦に依つて自由と民主の大路に驀進しつつある。

〈訳文〉中国是由民族解放的神聖戦争、向着自由民主的大路驀進着。

③吾々四億五千万人は民族解放の聖戦に依つて更生し、鋼鉄のやうに団結した。支那は征服されない力となつた。

〈訳文〉我們四万々五千万人因民族解放的神聖戦争更生了、鋼鉄一般団結起来了、中国成為不可征服的力量。

④誰が本当の敵か中国人がよくわかつてゐるのだ。侵略的ファシストに対しては弾丸の最後の一発まで戦ふ。

〈訳文〉中国人民認清了他門的敵人、対於侵略的法西主義者要奮閂到最後的一夥千弾。
⑤吾々は決して日本人民を敵視しない。抗日とは軍事侵略者への抗禦に過ぎない。
〈訳文〉我們決不敵視日本人民、抗日僅是軍事侵略者的抵抗防禦而已。

B **説明我勝利条件**

①日本の速決戦はもう失敗した。之に反して中国軍隊は戦争に鍛へられて湧き出る新しい力は無窮のものだ！
〈訳文〉日本軍部的速決戦已失敗了、相反的、中国軍隊在戦争中経過鍛練、洶湧出来的新的力量是無窮的。
②三ヶ月で支那を征服して見せる豪語は今や長期膺懲に修正した。日本軍閥は吾々に引きづられて泥海に落ち込んでゐる。
〈訳文〉三個月即可征服中国的豪語已修改為長期膺懲、日本軍部已被我們施到泥海裏去了。
③吾々四億五千万人は紛々と武装して侵略者に向つて抗戦している。吾々は最後の血の一滴まで戦ふ決心だ！
〈訳文〉我們四万万五千万紛起武装反抗侵略者、決心抗戦到流盡尽後一滴血！

④全国に打上る抗日の鋒火を見よ、義勇軍、紅槍会、哥老会、其の他の新苗を問はず、暴戻な日本軍閥に向つてゐる。
〈訳文〉睢！　全国蜂起的抗日鋒火！　義勇軍、紅槍会、哥老会不問其他一切新旧力量都向着暴戻的日本軍閥。
⑤残虐なる侵略戦争から中国人民は一切を習ひ得た。蜂起する游撃隊を見よ。
〈訳文〉中国民衆従残虐的侵略戦争中学習了一切、瞧蜂起的游撃隊吧！
⑥中国は今や南北と分けじ派別を問はず全国一致して祖国独立自由のために団結した。
〈訳文〉中国現在已不分南北、不分派別、為祖国的自由而団結了。
⑦中国の軍隊は戦争が永く続けば続くほど強くなる。日本軍部の速決戦はもう失敗した。
〈訳文〉戦争愈延長中国軍隊愈強、日本軍閥的速決戦已経失敗了！

C　**伝達国際反日援華真相。**

①全世界の人民と民主国の政府は吾々の側に立つ。イギリス、フランス、ソヴイエツト、アメリカ、インド、地球上のありとあらゆる所に日貨拒絶だ、侵略反対だ！
〈訳文〉全世界人民及民主国政府都站在我們這辺、英、法、蘇、美、印度地球上無処不排斥日貨！　反対侵略！

②海の彼方、地球の果から吾々に集まる医薬治療品を見よ！　国際的同情がどちらにあるかを知る。
〈訳文〉請看渡過重洋、経過地球集到我們手裏的医薬治療品、你応該知道国際的同情是在那一面
③日本軍閥の狂暴極まつた行動に対して今や国際的制裁が加はんとす。
〈訳文〉対了日本軍閥之瘋狂的行動、現在国際間就要与以制裁。
④日貨不買同盟、日貨運送拒絶と全世界労働者兄弟は吾々の抗戦に有力な応援を呉れてゐる。
〈訳文〉日貨不買同盟、日貨運送拒絶、全世界的労働者兄弟正給我們以有力的応援。
⑤ファツショ軍閥が各国に与へる威脅に依つて今や抗日組織が世界的に展開された。
〈訳文〉因為日本軍閥所給与各国的威脅、抗日組織已経世界的展開了。

※説明侵略戦争的意義及失敗前途者。

A　**侵略戦争之一般的意義**

①一将功成りて万骨枯る、軍需資本家だけ肥つて日本国民は疲弊する。

〈訳文〉一将功成万骨枯、祇有軍需資衆発財、日本国民疲弊了。
②中国の奴隷化は諸君をしばる鎖を太くするだけだ。
〈訳文〉中国的奴隷化只有加重束縛你們的鎖鍊。
③日本軍閥の勝利は東亜を侵略の足場とす、両国人民は永遠に戦禍の犠牲とならねばならぬだろう。
〈訳文〉日本軍閥的勝利将以東亜為侵略的地盤、両国人民就要永遠為戦禍的犠牲。
④五一五、二二六を思ひ出せ、侵略戦争は暴力派軍人の獣行の延長だ。
〈訳文〉回憶五一五、二二六！ 侵略戦争是日本軍閥獣行的延長。
⑤北平は買つた。南京は奪つた。血を流した兵士の手には何が残つたか？
〈訳文〉北平取了、南京奪了、流了血的兵士的手裏剰了些甚麽？

B **侵略戦争対敵農民之影響**

①働き手は失つた！ 畑は荒れ、蚕は腐る！ その上百億の戦費が首をしめつける！
〈訳文〉耕作的人手失掉了！ 田地荒蕪、蚕都爛死了！ 再加百億的戦費卡住喉嚨。
②肉弾は君らだ、飢えるのは家族だ。娘は身売だ。馬は徴発だ。日本農民兄弟よ！
〈訳文〉肉弾是你們。餓肚子的是家族。女児売身。馬被徴発。日本的農民兄弟呵！

③孝行娘の身売美談で農民の飢餓をごまかす軍事ファシストを打倒せ。
〈訳文〉打倒用孝女売身的美談来朦混農民的飢餓的軍事法西主義者。

C **侵略戦争対敵工人之影響**

①安い賃銀で軍需品製造の奉仕労働が奴らの〈失業救済〉だ！
〈訳文〉給微薄簿的工資来製造軍需品的服務労働便是這班像伙的〈失業救済〉！
②奉仕労働で労働者の血汗を搾る軍事ファシストを打倒せ！
〈訳文〉打倒用服務労働来搾取労働者的血汗的軍事法西主義者。
③日本の兄弟、労働者出身の兵士らよ！ 内地は召集拒絶、反戦ストライキだ！
〈訳文〉日本兄弟、労働者出身的士兵們！ 内地是拒絶召集、反戦罷工了！

D **侵略戦争対於中小工業者之影響**

①税金はやたらに重くなつた、赤字公債で物価は天まで上つた！
〈訳文〉捐税胡乱的加重了、赤字公債把物価抬上了天。
②輸入制限で輸出も往きつまる。おまけに世界の平和民衆が日貨を拒絶する。
〈訳文〉因為輸入限制、輸出也停滞了。再加世界和平民衆抵制日貨。

③戦争が延びれば軍需商人の天国だ。平和な商工業者の市場は廃墟となる。
〈訳文〉如果戦争延長這是軍需商人的天下、和平的商工業者的市場成了廃墟。

※啓発日兵以日本国民応有之

A **告以中日親善之真正途径**

①日支両国人民の握手もて、極東軍事侵略者の鉄鎖から解放せよ。
〈訳文〉中日両国民握手、使遠東征軍事侵略者的鉄鎖裏解放出来。
②日本の兄弟よ！ 軍事野心家を放逐せよ！ 我らは諸君に手を差し伸べてゐる。
〈訳文〉日本兄弟們！ 趕跑軍事野心家！ 我們伸着手等待諸君的歓握。
③両国人民の協同もて、共同の敵日本軍閥を打倒せ。
〈訳文〉両国人民協力、打倒共同敵人日本軍閥。
④真の愛国者は立て！ 時は今だ！ 日本を黒暗化した軍閥は足を泥海に踏み入れた！
〈訳文〉起来！ 真的愛国者！ 是時候了！ 将日本黒暗化了的軍閥他的泥脚已経深陥了。
⑤日支両国人民の共同の敵、日本の暴力派軍部を打倒せ！

〈訳文〉打倒中日両国人民的共同敵人、日本的狂暴軍部！

⑥東洋平和の敵は誰か？　諸君に手を求める中国か？　諸君を我らからひきはなせる日本軍閥か？

〈訳文〉誰是東洋和平之敵？　是向諸君要求攜手的中国？　還是離間諸君和我們的日本軍閥？

B　掲発日本軍閥之欺騙

①口実に過ぎない〈防共協定〉のためにこんなむごたらしい戦争をやらされてゐるのだ。

〈訳文〉為着僅々作為口実的〈防共協定〉被騙使作這種残酷的戦争。

②これが〈防共〉だ。血も乾かぬ戦場で、軍閥財閥馴れ合ひの利権の山分けだ。

〈訳文〉這就是〈防共〉。在血遷未乾的戦場上、軍閥財閥已経勾〇〔一字不明〕分賦了。

③敵は誰か？　諸君に協同を求める中国か？　両民族を噛み合せて甘い汁を吸ふ軍閥、財閥か？

〈訳文〉誰是敵人呢？　是要求諸位合作的中国呢？　還是挑発両大民族互相残殺、従中取利的日本軍閥財閥呢？

④人口問題の解決とは何か？　諸君を駆り立て、砲弾の屑とすることだ。

〈訳文〉什麼是人口問題的解決？　就是趕你們去当砲灰。

⑤誰が抗日を招いたか？　親愛なる日本人民よ、中国はかつて諸君を敵視したことはない。

〈訳文〉誰惹起抗日的呢？　親愛的日本人民〇〔一字不明〕！　中国従来没有敵視過諸君。

⑥軍事ファシストらは、表に愛国美談で煽動し、裏では烏合の衆とあざけつてゐる。

〈訳文〉日本軍事法西斯蒂表面煽動愛国美談、裏面在嘲笑国民是烏合之衆。

⑦奴らの共存共栄は侵略的野望の煙幕だ。奴らの同文同種は両国人民奴隷化の口実だ。

〈訳文〉他們的共存共栄是侵略野心的煙幕、他們的同文同種是両国人民奴隷化的口実。

⑧御用新聞の悪煽動に乗るな！　それは諸君を破滅に駆り立てる日本軍部製の目かくしだ。

〈訳文〉不要上軍閥御用新聞悪宣伝的当！　這是日本軍部駆使你們滅亡的眼罩不。

C　説明在華侵略行動之真相

①退却に際して負傷兵を焼き殺す日本軍閥の正体を見よ〈山東、山西での事実〉

〈訳文〉瞧瞧退却時焼死傷兵的日本軍閥的真面目！

②四十万の日本兵士らが死傷した、何時まで戦ふか？　何のため戦ふか？
〈訳文〉日本兵已経死傷了四十万、仗打致何時止？　為什麽打仗？
③四十万位の死傷で驚くなといふ陸軍大臣の首を刎ねろ！
〈訳文〉砍掉陸軍大臣的頭、他説死傷四十万不足驚奇！
④婦人小児の殺戮姦淫を奨励する軍事ファシストは人類の敵だ。奴らの〈防共協定〉の正体を見よ！
〈訳文〉奨励殺戮和姦淫婦女小児的軍事法西斯蒂是人類之敵、瞧瞧他們〈防共協定〉的真相。
⑤自尊心のある将士らが隊を組んで自殺する！　彼らのポケットから姦淫虐殺の軍紀堕落への絶望的〈死諫〉書が現はれる。
〈訳文〉有自尊心的将士們成羣自殺！　在他們々袋中発現了慨嘆姦淫虐殺之軍紀堕落的絶望〈死諫〉書。
⑥彼らを救へ！　上海の倉庫に、江南の戦場に、人民の殺戮を厭ふ兵士らが自殺してゐる。
〈訳文〉営救他們呢！　在上海倉庫、在南北戦場不願殺戮中国人民的日本士兵都在自殺！

※喚起日兵之反省者

A 告以真正敵人是誰

①天皇の名を以って国家を破滅する日本軍部こそ諸君の敵である。
〈訳文〉以天皇名義使国家破滅的日本軍部正是諸君的敵人。
②諸君の屍を埋めた地上に利権屋どもが会社を打ち建てる！
〈訳文〉在埋葬諸君屍身的地上、争権奪利的人們正在建築公司。
③食ひ肥った資本家どもが芸者をつれて忠魂碑に空涙を流しに来る。
〈訳文〉吃得肥胖的資本家們帯着妓女来到忠魂碑前仮哭。
④〈防共〉の犠牲となる者は誰か？　共産党か？　否両国人民だ。
〈訳文〉誰是防共的犠牲者？　是共産党嗎？　否、是両国人民。
⑤侵略の血に汚れた剣となるか？　輝く東洋平和の盾となるか？
〈訳文〉願意作染了侵略之血的剣？　還是願意作光輝的東洋和平的盾。

B 促其想念家郷、父母、妻子

①聞えるか？　諸君の妻子が夫を返せ、父を返せと呼んでゐる。
〈訳文〉聴到没有？　諸君妻子要求送還丈夫和父親的呼声。
②金鵄勲章に眼を眩すな！　老ひたる父母は飢えてゐる。
〈訳文〉不要被金鵄勲章迷惑！　老父老母在飢餓着啊！
③国へ皈せと要求せよ！　男手を失つた故郷の田畑が荒れてゐる。
〈訳文〉要求皈国！　失掉男子的故郷田圃在荒廃着！
④うつな！　君らの打ち出す弾は、どれもしぼりとられた親や弟妹の血だ、肉だ。
〈訳文〉不要打！　你所放出的毎一顆子弾都是你們父母弟妹被搾取的血和肉！
⑤踏み荒れるのは戦過の田畑だけでない。男手のない故郷の田畑を思ひやれ！
〈訳文〉這蹂躪的不僅是戦過的田地、〇〔一字不明〕想渡人耕〇〔一字不明〕故郷的田地
妃！

C　〇〔一字不明〕達国際和平人士兵日本人民反戦運動

①運送船から慰問袋の山が投げ棄てられた。その中から祖国の兄弟らの血ににじむ反戦のビラが現はれた。
〈訳文〉従運輪船丟掉了無数的慰問袋、因為這裏発現了日本兄弟們染着血的反戦伝単。

②上海の日本軍当局に質問せよ！　なぜ真の極東平和の道を諸君に伝へやうとした幾百の将士を銃殺したか？
〈訳文〉質問上海日本軍事当局！　為什麽鎗斃了想要把真的遠東和平之道伝達給諸君的幾百個将士？
③日本軍部とともに破滅の道を急ぐな！　人民の世界平和戦線に呼応せよ！
〈訳文〉不要和日本軍閥同皈千尽。嚮応世界人民的和平戦線。
④日本と中国との戦争ではないぞ。ファシスト的侵略主義と民主的正義人道との戦争だ。
〈訳文〉不是日本和中国的戦争、而是法西侵略主義和民主的正義人道的戦争。

D　**指出日兵的出路**

①自殺するな、名誉ある日本反戦将士よ！　自由極東建設の両民族共同戦列に参加せよ。
〈訳文〉不要自殺、光栄的日本反戦将士們！　参加到建設自由独立的両民族的共同戦線来！
②日本軍閥の強迫から逃れて我らの戦列にやつて来い。
〈訳文〉掙脱日本軍閥的強迫、到我們的戦線来！
③血まみれの勲章に何の名誉があるか？　名誉は両民族を日本軍閥から解放する真勇の

将士にある。

〈訳文〉血腥的勲章有什麼栄誉？　栄誉属於従日本軍閥的圧制解放両民族的真正的勇士。
④血は河と流れ心ある人人は涙に満つ、真勇ある日本反戦将士らよ、諸君の奮起こそ東洋和平を決定する。
〈訳文〉血流成河、有心的人們都含肴悲涙、真実勇敢的日本反戦将士們、諸君的奮起才能決定東洋的和平。
⑤銃の向きを変へろ、真の敵は諸君の後でほくそ笑んでゐる。
〈訳文〉掉転鎗頭！　真的敵人在你們後面獰笑着。

※攻撃日本軍閥者

①日本軍閥よ！　世界がすべてお前達を強盗的侵略者と指してゐる。
〈訳文〉日本軍閥！　全世界都指摘着你們是侵略強盗。
②人民の飢餓を見よ！　山と積まれた遺骨の箱を見よ！　そしてお前の血まみれの両手を見よ、軍事ファシストらよ！
〈訳文〉請看人民的飢餓！　請看堆積如山的遺骨箱！　再看你們的血腥的両手！　軍事

法西們啊！

③日本軍閥よ、お前の墓穴を掘れ！　欺瞞によって両国人民の割かれる時は過ぎた。

〈訳文〉日本軍閥、自掘攻墓吧！　用欺騙手段離間両国人民的時代已経過去了。

④日本軍閥よ、自から放けた火で身を焼くがよい。それは両国人民の怒りの火である。

〈訳文〉日本軍閥、縦火自焚吧！　這是両国人民的憤火。

※対一般偽兵宣伝用者　〈対倫陥区域民衆亦可応用〉

①不替日本漢奸当兵、中国人不打中国人！

②拿起刀槍、当義勇軍去！

③幇助我們的游撃隊、襲撃敵人後方！

④破壊敵人的電線鉄道、截〔ママ〕断敵人的退路、

⑤打倒漢奸組織的〈地方維持会〉！

⑥漢奸傀儡是勾結日本屠殺同胞的劊子手！

⑦槍殺出売祖国組織偽政府的漢奸！

⑧誓死不做日本鬼子的奴隷！

⑨○○〔二字不明〕復仇雪恥、才○〔一字不明〕英雄好漢！
⑩倭寇強佔我們的国土、和我們是勢不両立的敵人！
⑪倭寇的姦淫○〔一字不明〕掠、真是慘無人道、我們一定要殲滅他！
⑫倭寇口唱〈親善合作〉〈王道楽土〉、祇是征服我們的烟幕、万勿堕其計中！
⑬擾乱倭寇的後方、牽制倭寇的兵力！
⑭誓死不做倭寇的奴隷、要做、個堂々正々的中国人！
⑮日本鬼子是我們中華民族的生死対頭、我們要団結起来和他拚個你死我活！
⑯蒋委員長統領五百万大軍、反攻敵人、同胞們快起来響応！
⑰国軍各路大反攻、要把圧迫你們的東洋鬼子趕出境去！
⑱只有国民政府才能救我們被佔区域受苦受難的同胞！
⑲東洋鬼子已経被我們打死了五十万中国境内不許○〔一字不明〕一個敵人！
⑳敵人殺害了我們的父母兄弟、我們応当替他們報仇！
㉑敵人強姦了我們姉妹妻女、我們応当替他們雪恥！
㉒倭寇引誘民衆回藉、是想編作他們的奴隷！
㉓敵人哄騙逃難的同胞回家、是要叫我們去任地宰殺！
㉔厳防倭寇以仮笑的面孔、施陰毒的〈恩恵〉！

㉕揭穿敵人的仮仁仮義、他們腹裏蔵刀、我們不要受騙！

※対東北偽兵宣伝用者

①東北的同胞們！　我們知道你們的痛苦、趕快反正過来！
②東北的同胞們！　咱們中国人不要打中国人！
③不打倒日本軍閥、東北同胞只有死路一条！
④東北的同胞們！　我們反攻到処得手、日本鬼子快要倒台！
⑤東北的同胞們！　打跑日本鬼子、咱們打回老家去！
⑥東北的同胞們！　不做漢奸、不做亡国奴！
⑦東北的同胞們！　日本軍閥逼迫你們打先鋒！　倒転○○〔二字不明〕去○○〔二字不明〕他們吧！
⑧東北的同胞們！　反正来皈的長官当重用！　拿槍来皈的士兵有重賞！

※基本喊話口号

・日本兵士兄弟、歓迎！（歓迎日本士兵兄弟！）
・鉄炮を渡せ！　活すぞ！（繳槍不殺！）
・捕虜を優遇するぞ！（優待俘虜！）
・負傷者は病院に入れるぞ！（傷兵給送医院治療！）
・我らの敵は日本軍閥だ！（我們的敵人是日本軍閥！）
・支那の兄弟を殺すな！（勿殺中国兄弟！）
・侵略戦争、反対！（反対侵略戦争！）
・ファツショ上官を殺せ！（殺棹〔ママ〕法西斯蒂長官！）
・日本帝国主義を打ち倒せ！（打倒日本帝国主義）
・皈国を要求せよ！（要求回国！）

※補助喊話口号

・我らの戦列にやつてこい！（来参加我們的戦線！）
・我らは日本兵士を殺さない！（我們不殺日本兵士！）
・日本軍閥こそ君らの敵だぞ！（日本軍閥才是諸君的敵人！）

・生命を大事にしろ！　日本軍閥の犠牲となるな！（保貴你們的生命！　勿作日本軍閥的犠牲品！）
・死ぬな！　傷くな！　殺すな！　戦ふな！　銃を棄てろ！（不要死！　不要受傷！不要屠殺！　不要打仗！　拋棄搶炮！）
・支那遊撃隊に合流せ！（同中国遊撃隊合流！）
・侵略戦争を革命へ転化せ！（変侵略戦争為革命！）
・日支兵士兄弟聯合万歳！（中日士兵兄弟聯合万歳！）

※　附録

《其一》
兵士諸君！　死なない様に、うまく戦争にまけ、戦をごまかして、横暴軍部にガアーンと一つくらはしてやろう。
戦死者の妻子が生活難心中し、かたわになつて食ふや食はずの親兄弟にたよれるか？
財閥はビタ一文も慰問金を出さぬ。よさそうなことを言ふ近衛はまだ慰問葉書一つ書かない。

米の庭さき相場は半分、買へば一キロ五円五十銭、梅干一つ三銭、タクアン一本三十銭、これで家族をやしなへと言ふのが軍部の日本精神で革新政治だ！

山東石灰は大倉、鉱山と鉄道は住友、三井、三菱、安田、紡績は三井、製粉、ソーダ、セメントは三菱、満洲は鮎川一人、上海の石油、貿易は三井、倉庫と運送は三菱の独佔にきまつた。

見ろ！　血も乾かぬ戦場で軍部財閥なれ合ひの巨利と利権の山分けを！　これが軍部の国威宣揚！

中国民衆必死の抗戦はもつともだ！　我等の退却は軍部財閥のなれ合ひ芝居をやめさせる。我等の戦闘中止は全国の生活をよくするのだ！

東京、大阪、久留米、京都師団及満洲軍政部内派遣兵士戦争反対同盟

《其二》

兵士諸君！　軍部長年の横暴をたゝきつぶすのは丁度今だ。国宝高橋さんを殺し、議会を脅迫し、五十万の民衆を戦死させ、百億の税金を大衆から強奪する軍部を、このまゝのさばらしておけるか？

オレ等は日本大衆の命と生活を搾りとる軍部の犬になられるか！

必死に正義抗戦を続ける中国の民衆を見よ！　はづかしくないか？
兵士大衆諸君！　機会をつかめ！　死なない様にうまく戦争にまけろ！　戦門をごまかせ！　死ぬな！　傷つくな！　戦ふな！　これがこらえ〔ママ〕にこらへた日本大衆の正義、軍部こらしめの使命だ！　卑怯ものは犬死しろ、かたわになれ！　その時になつて軍部をのろつたつておそいぞ！

東京、大阪、クルメ、京都師団及満洲軍政部内派遣兵士戦争反対同盟

《其三》

日本農民大衆に告ぐ

日本農民大衆諸君！　戦争は一ケ年越えた。皆さんの中から沢山の兵隊がとられ、沢山の人が死傷したはずだ。我々は本当に気の毒に思ふ。我々は決して皆さん日本人民の敵ではないからだ。皆さんの家族で我が軍の捕虜になつた人は皆かう言つてゐる。〈皆さんの畑の作物を踏み荒して戦争をする時、本当にもつたいないことだと思つた。農民は農民の苦労をよく知つてゐます。戦争とは本当に罪なことです〉と。

皆さんの田畑は働き手を失つて荒れてはゐないか？　蚕は腐つてゐないか？　一体百億円といふべら棒な軍費を皆さんはどうして払へるか？

何のための戦争か？　皆さんのため何の利益があるか？　この東洋のため怖しい不幸は何時まで続くか？　国の独立を脅かされてゐる我々は最後まで戦ひはやめぬ。決して奴隷にはならぬ。最後の血の一滴も惜みはせぬ！　何のための戦争か？　この問ひは日本軍戦死者の日記の中に沢山書いてある。

日本軍部色々の口実をつかふが、要するに皆さんに血税と肉弾とを強制して、我々中国人を奴隷にして、搾り上げるだけの目的だ。満洲や北支を見てくれ！　王道楽土の言葉の裏にある地獄の事実を見てくれ。農民は紛々と武装して侵略者に向つて抗戦してゐる。平和な農民が遂にたまり切れず鍬を捨て剣をとるとは、よくよくのことがあると察してくれ。

両国人民を飢餓に落し、自由を奪ひ、生命を犠牲にする日本軍事政権を打ち倒せ！　人民と人民の殺し合ひは奴らにしてやられるだけだ。〈農民の苦労は農民が知つてゐる〉といふ真実の日本の兄弟を何で我々がおろそかにしやう。人民の日本をつくつて人民の中国と共に平和な東洋を建設しよう！　人類の姦賊と日本人民を惨殺する兇手とを倒せ！

中華民国農民協会。

《其四》

日本労働者諸君に告ぐ

日本労働者諸君！　親愛なる兄弟諸君！

我々は諸君に一人の日本労働者出身兵士の俘虜の血涙のにじんだ言葉を伝へねばならぬ。

彼は言つた。〈我たちは隊の中でよくかう話し合つた。戦争といふものの残酷で不道徳なことは骨身にしみた。これから男の子が生れたら指でも切つて片輪にしてやらうぜ。これがせめて親の情だといふものだ。〉

彼は涙を流して又かう言つた。〈私らは子供ぢやないから知つてゐる。二二六を見てもわかることです。戦争をしたいのはあの人たちだ。えらくなりたい軍人だけです。人民は何時引つぱり出されるかと戦々兢々としてゐるのだ〉と。諸君これは真実の言葉だ。

彼は故郷の家族らの写真を抱いて泣いた。飢えてゐるだらうと泣いた。

私たちも泣いて痛憤した。一体この戦争は日本人民のために何になるのかと、たゞ人民を百億の戦費で飢餓におとし入れ、無惨な血を流し、しかも諸君労働者を、兄弟の殺戮のための軍器製造のため、日夜酷使するだけではないか、と。

親愛なる日本の兄弟よ！　我々は諸君に敵意はもたぬ。だが日本軍事ファシストとは最後の血の一滴まで戦ふだらう。第一に我々は国家と民族の生存を守らねばならぬ、奴隷には決してならぬ、第二に我々が敗北すれば、我ら両国人民は永久に苦悩の地獄におち入らねばならぬ。このことを理解した日本兵俘虜のうち近来続々と我らの戦場に参加する者がある。

諸君！　待つてゐても解放は来ぬ。今こそ人民の自由回復の時である！　生産の掌握者、日本軍閥の心臓を握つてゐる労働者兄弟よ！　諸君の偉大なる力を自覚せよ！　諸君に東洋の運命は握られてゐる。日本軍閥を打ち倒せ！　両国人民の苦悩を解くために、ストライキを以つて戦闘せよ！

中華民国総工会

《其五》

告山東同胞書

山東的同胞們！　万悪馬良！　衷尽天良、甘心作日寇的傀儡、僭称山東省長。這個狼心狗肺的漢奸、売国奴、要討好日本鬼子、索性出売咱們山東的同胞、要你們作牛馬当炮火要你們拿起刀槍、殺害咱們自家兄弟。

要知道、日本小小島国、人馬本来就不够用、咱們一年的抗戦、打得鬼子焦頭爛額、死傷了五六十万人。要是没有這些認賊作父的大漢奸、用欺騙手段、用強迫方法、把同胞兄弟趕上火線、咱們早把姦淫擄掠殺人的獸軍趕回三島去、讓大家過太平的日子、同胞們！日寇心腸狼毒、借刀殺人、咱們同胞兄弟、為什麼要自己殺自己人？河南山西各地的軍民都聯合起来、趕跑了日寇、江北的游擊隊已経打倒北平近郊、這是咱們山東同胞的好榜樣！不要聴日寇漢奸的花言巧語、頂天立地的好漢応該做個忠実的黄帝子孫。這是咱們替済南惨案死難同胞報仇的時候了、也是替這次被獸軍分屍姦淫的兄弟姉妹報仇的候了。抓住機会、趕掉漢奸和日寇、組織自衛武力、破壊日寇交通、焼掉日寇的糧台輜重！日寇一天不剿滅、咱們一天不太平。

山東旅鄂同郷会啓

《其六》

告東北同胞書

親愛的老郷、六七年来、天天惦記你們、你們実在太痛苦了、東洋強劫去了你們的老家殺死了你們父母兄弟、姦汚了你們的姉妹妻女、又叫你們扛了槍来殺自己同胞！我們知道你們決不甘心当亡国奴跟我們自己一樣。咱們是一家人、咱們是中国人撞西碰、手慌脚乱、馬上就要倒台。

趕快、把槍口悼転去、中国人不打中国人、咱們合成一夥児、幹掉強盗、打回老家去。

東北救亡総会印

《其七》

告台湾士兵書

台湾的士兵兄弟們！　報仇雪恥、復興中華民族、這正是時候了。

你們那個不是黃帝的子孫、那個不是中華民族的男児！

四十余年你們受尽了日本帝国主義者的圧迫侮辱和虐待、他們設立種々苛捐雑税、覇佔你們的田地、弄到同胞們流離失所、過着牛馬不如的悲惨生活、他們禁止你們読漢文、使同胞們忘記祖国、忘記自己是中国人。他們不使你們受較好一点的教育、強迫你們読日文、要同化你們、讓你們永遠作奴隷、四十余年整個中華民族一様的受着日本帝国主義者的圧迫和侵略、今天我們応該団結起来和他們算賬。抗戦已経継続了　――以下破けてなし。

撮影に就ての《ノオト》　＊取捨選択再考を要す。科白は推敲のこと。

▲慰問袋来る。

中に小学生の図画がある。〈あつた、あつた、凄いぞ〉と仲間の間を持ちあるく、仲間追ふ。あけて見る。人参と蕪の写生図〈何だ〉とがつかりする。仲間〈どうしたんだ〉ときく。〈この人参があしで、蕪が女の尻に見えたんだ〉と云ふ。〈馬鹿、小学生がそんな絵画くかい、お前ぢやあるまいし〉

▲小包から人形出る。兵隊喜ぶ。腹を押す。泣く、〈よしよし〉

＊この人形を部屋に飾る。何かと腹を押して〈あ、よしよし、泣くんぢやないよ、(唄)泣くんぢやないよ　泣くぢやないよ　泣けバつバさがまゝならぬ……〉又押す。

＊寝台にねころがる。隣の者に話かける。〈馬鹿な奴だよ、小包にこんなもの入れやがつて、これが羊羹だつてみろ、頭から喰へるのになあ〉

▲ドラム鑵で風呂を沸す。

クリークの水である。浮草裸につく。

クリークの萍、風の具合でこちら岸に吹きよせる。水汲駄目になる。洗濯も同様。

▲車輛部隊　自動車の運転手の兵隊が多い。

〈銀座から浅草まで三十銭で行つた〉

〈三十銭、馬鹿、あんなとこ三十銭で行く奴あるかい。お前の様な奴がゐるからいけねえんだ〉

機関銃の音。ローソク消す。

▲雪の日。〈いつかの東京の大雪の日は儲つたなあ、歌舞伎座から渋谷まで五円ふんだくつてやつた〉

▲ガソリン鑵で味噌汁を作る。

▲新しい褌、手拭にする。紅茶を漉す。

▲机の引出しが膳になる。

▲うどんをこしらへる男。

▲芋を焚火にくべる。

▲煙草半分吸つて　半分しまつて置く。

▲鑵詰の空鑵をコップにする。

▲かめの風呂。
ガソリン鑵で湯を沸して入れる
▲坊さんの兵隊
お彼岸の日〈今日はお彼岸ぢやねえか、おいおい、かき入れだぜ〉
▲仏壇を祭る。
位牌。香煙を絶すな。供物。タバコ。
▲〈おい何だい〉〈残敵討伐だ〉
〈あぶねいぞ、俺の千人針貸してやらうか〉
▲煙草をこしらへる男。
鉛筆にて紙を巻きその中に煙草をつめる。
▲ブリキのきれに釘で穴をあけておろし金にする。
大根をおろす。〈なあ　おい　鮪の刺身がくひ度いなあ〉
▲めしを喰ふ二人
〈うまいなあ〉〈これがか……〉
〈うまいなどと云ふのは　こんなもんぢやないよ〉
▲徴発の蓄音機。

〈浪花節ねいか〉〈何でもい、や　かけてみろよ〉かける。ブルース。〈一寸　兄さん寄つていらつしやいよ〉

▲子供死ぬ。内地からの便直接に来ないで隊長のところにくる。隊長によばれて子供の死んだ事を知る。本人への手紙には子供は丈夫だから安心してくれと書いてある。

▲いそいで何かするときに突撃喇叭を口で云つてする男。

▲〈お前　今　何くひたい〉〈さうだな　すしがい、なあ〉〈うん〉〈すしハ何だい〉〈まぐろだ。四つバかり喰ふなあ〉〈四つでい、のかい〉〈それから赤貝だ〉〈いくつだ〉〈まづその前にあついお茶を一杯呑むね〉〈旦那赤貝ハひもにいたしますか〉〈うん、四つばかり握つてくれ〉〈えい〉〈おつぎは〉〈さうだな、いかゞい、や、生いか〉〈生いかはお相《ママ》憎さま〉〈さばだ〉〈へい〉〈お茶おかわりだ〉〈へい〉〈よくくやがるなあ〉

▲〈こ、へ乾しといた靴下知らねえか〉〈こ、らに俺の帽子なかつたか〉何でも人に聞く男。

▲わかる——ミンパイ。

▲上等兵——上と呼ぶ。

▲早く——快々的

▲ゆつくり——慢々的

▲大変——大々的

▲いらない——不要

▲わからない——オーデプトンでなあ

▲いやだ——オーデプシンでなあ

▲南京豆をいる。口の辺り黒い。

▲青龍刀で薪を割る。

▲糖（唐）黍をかじる。

▲靴下——穴だらけ。臭い。

▲徴発の支那服を着る炊事番

▲靴の油で天ぷらを上げる。下痢。

▲水虫のひどくなつた男。

▲乾パンを粉にしてパン粉とし　カツレツを作る。

▲仇名。船長。旅団長。セツピ。ガボ長（炊事）おとつつあん。

▲芋の話。埼玉の兵隊

〈こいつはい、や　オタ幸か〉〈冗談云ふない金時だ〉〈べにがらぢやないか〉〈おいらん

ぢやねいか〉〈こんなオイランあるかい、こんなの今一貫目十五六銭するぜ〉
▲弾から火薬をぬいて　紙に出して懐中電気のコンデンサアで火を点じる。
▲〈彼奴いつの暇に　こんな遺言書いてたかなあ〉
▲〈鮪の刺身で熱燗で一杯やつてさ、奇麗な姑娘を抱いて入れつぱなしで死ぬんならいゝけど、……俺いやだよ〉工兵の話。
▲男　残敵討伐で戦死する。その戦友屍に向つて云ふ。〈おい、○○　こんなところで死にやがつて、死ぬんなら何故皆んなと一緒に大場鎮で死ななかつた。今になつてこんなとこで死にやがつて、おい○○、おい……〉戦友とめる。男泣く。
▲輜重が敵襲に会ふ。馬傷つく。前進に当つて共につれて行くわけにいかぬ。銃殺にきまる。自分ではうてない。〈おい、俺の馬撃つてくれ〉うつ。黙つて銃返す。桿杆〔ママ〕を引き空薬莢を出して黙々と男、皆のあとにつゞく。
▲映画館（南京）上映中〈えゝぞ　えゝぞ〉皆笑ふ。半畳が入る。〈加藤部隊の○○さん〉返事がない。〈只今から出動です〉場内静になる。男出て行く。また元の騒然となる。
▲マッチ代用　火煤紙をつかふ。
▲部隊長鬚がない、准尉ある。鳥渡《ちょっと》みると准尉の方が偉さうにみえる。
▲〈そのまゝ　そのまゝ〉

▲〈命令受領者　集合〉

▲〈郵便を達す　＊＊〉〈＊＊内地から面会人だぞ〉

▲衛兵交替　申送り。

＊本日下番衛兵司令は上番衛兵司令に＊＊衛兵に関する件異状なく申送りしました。同日上番衛兵司令は下番衛兵司令より＊＊衛兵に関する件異状なく申受けました。

▲塹濠〔ママ〕にて　隣の男　腕を射抜かれる。

〈やられた〉〈大丈夫か〉〈うん〉射つ、痛さに耐えかねて座る。〈おい〉弾を出して渡す。

〈大丈夫だい〉繃帯包出す。

▲胸をやられた男、咳をする。〈テキサス、レンヂヤーのロイド、ノーラン〉〈大丈夫か、おい、おい〉〈うん〉咳入る〈天皇陛下万歳〉〈おい、大丈夫だぞ、しつかりしろ、おい、＊＊、おい〉〈うん　大丈夫だい〉

▲負傷者〈おい　やられた〉〈大丈夫だ〉〈うん〉〈俺の背嚢の中に書いたものがあるんだが　あれ俺の家に……〉〈おい大丈夫だぞ、おい、がんばれよ〉

▲負傷者　水を欲しがる。戦友の水筒にしがみつく。〈今水をのんぢや駄目だぞ。我慢しろ、おい、今水をのんだら貴様死ぬぞ〉男我慢する。〈なあ　我慢しろ、大した事はないぞ、がんばれよ〉

▲病院で患者　枕を並べてねてゐる。
一人痛がる。声をたてる。〈うるせいぞ　手前一人痛いんぢやないんだぞ。皆我慢してゐるんだ〉〈うん、うん〉〈おい、おい我慢しろ〉〈うん〉痛がる。遠景を担架が通る。酸素吸入。茶瓶から水をのます。日の丸で包んだ手まわりの品。
▲何か云つて置き度いことがあるか今のうちに聞いて置いて下さい。附添と看護兵。〈おい　お前聞けよ〉〈お前聞いてくれ〉
▲患者。〈この千人針の中に金が入つてるんだが、家に送つてくれ〉〈……〉
▲出征してから妻君に子供が出来る。便がくる。
▲寝台にねころんで子供の写真をみる男。〈いつ生れたんだ〉〈二月だ〉〈ぢやもうあるくなあ〉〈そうかなあ〉
▲演芸会、浪花節、安来節　＊合の手、凱旋　凱旋　口ぱつかし――定遠
▲兵隊の針仕事。
▲戦死者の茶毘。
▲慰霊祭。悼詞を読む。
▲戦線の泥濘。輜重の行軍。
はだし――靴ずれ。はねは顔に上る。

▲遺骨を持つて前進する兵隊、頸から白い布の遺骨を下げ　それに野菊が供へてある。
▲命令受領者を集めて部隊長が口授する。……余は三十里鋪部落東方の民家にあり、＊＊少佐。命令受領者を集め口達筆記せしむ。戦闘詳報参照　カツコ（カツコとず）
▲しつちやかゐねえか——自暴的の使用法
▲聞くんぢやねえや——流行語
▲お互にバリカンで頭苅る。
〈だいぶこゝんとこ　いたんでんな〉〈後備だからなア、家に皈れば子供が二人ゐるんだぜ〉〈こりや皈る時分にはもうはえないぜ〉
▲子供の写真をみてる兵隊、〈お前の子供か〉〈うん〉〈いゝ子だなあ〉〈男か〉〈うん〉〈兵隊だなあ、兵隊なら自動車隊がいゝぜ。歩くのは駄目だぜ〉＊〈皈つてお前みたら泣くぜ〉〈虫おこすぜ〉〈人渫ひだと思つて逃げるぜ〉
▲鑵詰のあき鑵に蠟を流し込んで木綿で芯を造る。
▲豚料理→野原で丸太で豚を追ひかける。→腹を割く→鍋にて煮る。
▲魚取り→クリークに裸一つではいり　ざる。桶。などで追ふ。
▲服装
・千人針。

・手拭のシヤツ。
・認識票。――頸から紐で吊す。
・背中に日の丸のついたチヨツキ。
・手に数珠をはめてゐる。
・支那服を着てゐる。
・成田山のお守。
・お守袋を肩からかけてゐる。
・帽子に被ひの垂れをさげる。
・入墨の兵隊がゐる。
・ヅツクのバンド。
・軍股の膝が抜けてゐる。
・ラニングのシヤツ。擦ると垢。
・ひけだい《〔ママ〕》もくの書いてある襦袢。

▲河原

行水に洗濯に野糞。川に水煙立つ。驚く。敵襲がくる。

▲兵隊に唐黍。

▲薪造り。十字鍬。戸板を壊す。

▲戦友を戸板にのせて運ぶ。担いでる男の銃は他の者が持つてやる。一人で三銃担ぐ。

▲戦友のお通夜。戦友の靴、巻脚絆交換してもらふ者。

▲戦友死んで千人針をはずす。故里に送る。

▲天井に貼られたショートケーキの画。食慾を唆る。大方の天井、商店は網代の上に英字新聞が貼つてある。

▲誰もゐない家。時計だけ動いてゐる。

▲坊さんの兵隊　殺生する。

〈おい坊さん　そんな殺生してい、のかい〉坊さん雞の毛を捲り笑つてゐる。〈大した坊主だな〉〈二十坊主〉〈ナマグサ〉〈馬鹿、戦争は別だい〉

▲祭壇。

中央に　天地君親師位

向つて右　常勝忠厚承先志

左　莫把奢華貽後毘

台上に位牌、線香たて、ローソクたて、ランプ

▲室内　柱に貼紙、赤い唐紙に書いてある。

＊童言無忌　＊天地陰陽

＊百無禁忌　＊人口清吉

▲銃の手入れ。

▲猫をつかまへる。徴発の老酒で一杯やりながら飯盒で煮て喰ふ。〈うまいか〉〈うまいさ。喰はねいか〉〈いや〉〈この前の犬とどうだい〉〈そりやお前話にならねい〉〈この方がうまいか〉〈犬の方がうまいさ〉〈ありやうまかつたよ、赤犬だつたもんなあ〉くふ。猫の鳴声をやる。〈よせよ〉一同喰ふ。

▲出発。坊さんの兵隊に云ふ。〈頼むぜ。俺が死んだら　うまくお経上げてくれよな〉〈よし、どつちに行きたい。地獄か極楽か〉〈極楽がいゝな〉〈そりや一寸無理だな。煙草一本くれ〉〈お前極楽に行くと友人ゐねいぞ〉

▲クリークの水で飯を炊く。釜に水を張つて〈おい、ミヂンコが泳でるぜ、この水〉〈煮て喰ふんだろ大丈夫だい〉〈随分いらあ〉

▲ホーム、ジヤアナルか何かの色刷の食料品の広告。（パン、バタなどある）〈この四角いの何だい〉〈パンだよ〉〈パンか、この黄色いのは何だい〉〈バタだよ〉〈ふん〉〈何にするんだい〉×〈喰ふんだよ〉〈喰ふのか〉〈何だ〉▲×〈このパンにぬるんだ〉〈それから〉▲〈面白くねえや〉

▲新聞の〈お料理の拵え方〉をよむ。〈何だ、面白くもねい〉。〈鯛のうしほまだ出来ねいか〉。

▲飛行機が行く。下からどなる。〈おい羊羹でもおとしてくれや〉

▲准尉――ボロ

▲クリーム――浮薄文弱。〈浮薄文弱つけやがつて、テレテレするない〉

▲猫の肉は毛臭い。犬より軟い。犬は味噌で煮るとうまい由。

▲〈赤犬はうまいつてなあ〉〈おんなじたい。白だつて黒だつてぶちだつて〉〈そうか。鼠はどうだい〉〈よせやい、鼠は喰はねへよ〉〈鼠は米くつてるからうまいかも知れねいなあ〉〈よせよ、おだてるない、こいつ本当に喰ふから〉

▲砂糖がない。小豆を徴発して来て煮る。困る。〈うまそうだなあ〉〈砂糖がねいんだい〉〈＊＊が氷砂糖もつてたぞ〉〈そりやテンホだ〉＊＊ねてゐる。枕もとさがす。＊＊云ふ。〈何さがしてるんだい〉〈氷砂糖だい〉〈お前、氷砂糖なんか持つてやしねいぢやないか〉〈お前のだい〉〈あつた、あつた〉＊＊も起き

て後を追ふ。素早く鍋にあける。〈な　戦友ぢやねいか、怒るなよなあ〉〈俺にも喰はせろ〉〈こいつはテンホだ〉〈おい、＊＊い、加減に股引（袴下）洗へよ〉

▲襦袢、袴下でちり紙を持つた男〈オーデウンコでなあ〉

▲砂糖のかわりにドロップを入れる。〈この間彼奴のとこに来た小包にドロップが入つてた。あれいれよう。彼奴には　徴発のチヤン酒呑ましとけやいいよ〉行く。

〈おいお前ドロップもつてるだらう。出せよ〉〈あれは＊＊と褌と交換しちやつたい〉

〈そうか〉〈何だい〉〈小豆煮るんだ〉〈＊＊の棚の上にのつてるだらう、ドロップ持つてけよ。そのかわり俺にも喰はせろ〉〈＊＊は〉〈今日は衛兵だい〉〈＊＊、お前に褌返せつて云ふぞ〉〈大丈夫だい。もうしてるよ〉ドロップ鑵持つて出て行く。＊＊衛兵に立つてゐる。〈お苦労、お苦労〉〈お、、それ俺のぢやないか〉〈おい〉急にさ、げ銃する。

遥かに将校行く。

小豆の鍋にドロップを入れてゐる。にぎやかに談笑するグループ。

▲皆がやがやとめしを喰つてゐる。

日直上等兵がやつてくる。〈会報を達す〉又は班長が命令を達す。〈御苦労さん〉〈シンクなあ〉〈御苦労さんだと思ひます〉〈めしのたりないもの、めしあるぞ〉足りない者おこげを喰ふ。

▲去年の今頃は大場鎮だつた。嘉定南翔の線だつた。敵（チヤンコロ）もよくがん張つた。Aがやられて Bがやられて今ぢやあの時分の半分になつた。Cは面白い奴だつた。Dはのんきな男だつた。どいつもこいつもい丶奴だつた。皆生かしておきたかつた。だが一年たつて、たつた一年で南京が陥ちて、徐州がおちて　漢口もおちて　何処も彼処も日の丸がたつてゐる。なあおい、此処まで来たんだ。死んだ戦友には気の毒だよ。だがきつと喜んでくれてるぜ。なあ。喜んでくれてるよ。

侘しい日ざし。城壁に日の丸。翩翻としてゐる。ゆるやかな起伏　鳥がしきりにとんでゐる。

（ラストによろしからん）

▲支那の老婆が部隊長のところに来て云ふ〈自分の娘が日本のあなたの部下に姦された〉部隊長〈何か証拠でもあるのか〉老婆　布を差し出す。

〈全員集合〉部隊長は一同を集めて布を出し〈この布に見覚えがあるか〉〈ありません〉〈次〉〈ありません〉一人づ丶聞いてまわる。最後の一人まで聞きおわると静に老婆に歩みより〈この部隊には御覧の通りいない〉老婆　頷く。

抜き打ちに老婆を切りすてる。おもむろに刀を拭ひ鞘に納める。全員に分れ。

▲うちの父ちやんいついつ皈る　坊は泣かずに大人で遊ぶ……か。

▲猫はケバ臭いけどねぎ入れると消えちまわあ。

▲おいうまそうな牛だなあ——牛をみて云ふ。

▲A、B巻脚絆を脱いでゐる。各々片々づゝ脱いで巻く。Bや、おくれて脱ぎ両方脱いだつもりになりAの片方と自分の片方を一組となし、片づけて外に出る。Aは片方を脱ぎ終り片方をさがす。Bは気がつくと巻脚絆片方だけしてゐる。

▲騎兵は目標が1米60だらう、七百まではその儘の標尺で打てるんだ。

▲故里から手紙が来る。その中に手形と足形が墨で紙に押してある。

手形にはお父さん万歳

足形にはこの大きな足でお父さんのとこに行きたいなあ。(女の子である)〈出てくる時は一年生だつたが、今二年になつてゐる。全く大きくなるもんだね。手なんかこの位だつたがね〉

▲後備兵が独身の予備に云ふ。

〈お前も皈れたら貰ふんだな〉〈誰か当あるのか〉〈うゝん〉〈こんなのに来るクーニヤンあるものか〉〈そう云ふないゝ〉〈より嗜みしてちやきりがないぞ〉〈まあ見たとこ七点位で気心のいゝのだがなあ〉〈結局どれでも同じだよ。嶌飼ふのとおんなじだ。うまく泣かすんだなあ〉

▲チヤン酒——毛布
〈寒くてかなわねい〉〈毛布やろうか〉と水筒を出す。〈何処で徴発したんだい〉〈うん〉と笑つてゐる。〈二枚ばかりのませろ〉〈あんまりのむなよ。よし。よし。〉ととめる。〈もう一枚のませろ。頼む〉
▲兵隊Aが徴発の支那服を着てゐる。気のい、奴で〈你〉などと片語の支那語を使ふ。炊事をやつてゐる。
〈ニー、シーサン、ハラ、シヨウシヨウデナ、メシ、カイカイデナ〉〈オーデ、プトンデナア〉
▲寝台の上で相撲をとる。傍で見てゐる兵隊これをアナウンスする。身長5尺4寸5分靴十一分（文）三分　甲高、中隊第一、埼玉の産、家へ皈れば子供が二人　頑張つてゐます　片や岡山の産　身長5尺3寸　チート負けてゐます　頑張れ　チヨンガー、チヨンガー頑張れ、埼玉　おかあちやんの名は芳子さん、岡山は先刻申上げた様にチヨンガーです。
▲綴方教室だい——寝台の上でめしをくつてゐる。
▲虫歯、虫封——三河の万歳に封じて貰ふ。
▲於て——於ておやだね

▲必ず――必ずしも

▲夜本をよんでゐる。隣の男寝込んだものと思ひ灯を消す。《おい　おい　今クライマクスのとこなのになあ》とおこる。

▲人間が息するだらう。その息つて字どう書くんだい。何だ息子つて字か。さうじやねえか。

▲多くの生命が失はれた。然も誰も死んではゐない。何にも亡びてはゐないのだ

▲皆頭の毛ば切つて封筒に入れて留守担当者の名前を書いて小隊長の所に出せ。毛ばの短いのは爪でもい、さうだ。《出動の前》

▲員数とばすなよ――戦死するなよ

▲俺は小さい時汽車の運転手になりたくてなあ、運転手になつて東海道の富士山の下　ゆつくり走らうと思つてなあ、たのしみにしてたんだぜ。

▲粤漢線――オツカンセン。

▲後備兵――十九になる娘がゐる。

〈おとつつあん、娘さん俺にくれよな〉

〈早く皈つて娘　嫁にやらなけやなあ〉

▲半島のアーミー、ヂヨリー云ふ。

〈朝鮮人ぢやないわよ、天皇陛下一人だわよ〉
▲携帯口糧は甲（米）三日分　乙（乾パン）一日分　携行のこと。
携帯口糧丙。――徴発の豚、鶏などのこと。
▲放馬――散歩のこと。
▲〈おい面会人来てるぞ〉AがBに郵便を渡す。B〈お、、こいつまだ生きてたか〉
▲A〈本日は何日だい〉C〈二十一日だ〉B〈二十日だよ〉C〈そうか、俺もう二十日の日記書いちやつたぞ〉
▲セミコロンつて何だい。セミコロンの様な南京虫のあとつて書いてあるぜ。
セミコロンの様なか弱い乙女があつた……なんて云や知らねい奴はい、女の事だと思ふからなあ。セミコロン。セミコロン、覚えとかねいとなあ。
▲〈おい、気をつけていけよ〉
〈大丈夫だい。あ。釦とれちやがつた。しつちやかいねいか〉
▲〈多くの死傷者を出して申訳ありません、全く私の責任で何とお詫びしてよいか、判りません〉
〈御苦労だつた。激しかつたからなあ。……泣かんでもいい。戦場だ〉
▲戦死した戦友のところに来た小包を分ける。〈おい　彼奴のかあちやんちやんと入れて

るぜ。彼奴はおたふく豆の甘いのがいつも会社の弁当のおかずだつたんだつてよ。

▲テンホ　テンホ　テンホの甲だ。

▲靴傷膏――靴づ〔ママ〕れのくすり。点じて奇麗な女のこと。疲ぶれた足がなほると云ふ。

▲採点――射撃の標識による。

赤旗にて示す。右①　左②　中③　上下④　左右⑤

白旗にて示す。右⑥　左⑦　中⑧　上下⑨　左右⑩

慰安所に行く　どうだお前のとこ赤旗上下つてとこかな。ふん。お前のとこは。赤旗まんなかだい。すつたなあ　おい。

▲焚火の傍でⒶ芋をやく。火をおこす。その内ねむる。Ⓑやつて来て　萓の火をつけ、芋をみつけ、あたりを見まわ〔ママ〕して喰つてしまふ。行く。Ⓐ目をさます。しばらくして芋のことを思ひ出す。あちこち火の中をさがす。ない。（南昌戦所見）

▲犬をつかまへてくる。〈おい飼つておけよ。豚肉なくなるまで殺すなよ〉

後日。〈いけねいや。すつかりなついて尾ふりやがる〉〈尾振りやがる。殺せねいや〉

▲弾はどんどんくる。どうにも仕様がないんだ。あきらめたね。その時煙草が三本あるんだ。俺ら二本一ぺんに吸つたよ。

▲貼紙一束。

*日昍晶㬉

*月朋𣎳𣎴

*一吉二宣三多四喜

*和気生財

*高朋満座

*四季平安

*竹報三多

*老安少懐

*犾冄〔ママ〕発財

*福座中堂

*年々清吉

*百無禁忌

*童言

＊

★報竹令通香
竹　子表十
四五四五二
卦対封位枝

▲戦死者がある。おい血の匂ひがするんで　蝿がくるんだ。お前一寸あおいでゐてくれ。

※しのび返しに　雪の空
障子しめ切り置炬燵
つもる想ひを三千歳に
直侍は　ふところ手

※日傘　絵日傘　蛇目傘
あのほね程に　からかさの　あまた
との子のあるなかを
蓼くふ虫の　何とやら

※忘らる、身にはあらねど秋深し
更けてしぐれたひとときを　手持無
沙汰の手なぐさみ　枕小屏風に
紅絹《べニ》のうら

※秋風に　あたしや吹かれてゐるわいな
船頭頼もやつとくりよ　風邪でも
ひいたらどうなさる　主は待つ身の
待乳山

MEMO

＊僧と為りて僧を知らず　営々として俗事を務む。経を読みて禅寂に達し、律を誦じて放肆を致す。心に差別の相を存し口に円融の理を説く。世に癡暗の人多く轟々として爾に皈依す。

＊《六十にして始めて剣を識る》と宮本武蔵は云つたさうだ。だが何事もスピーデイの今の世の中では六十で識つては遅そすぎる。芸も技もすべて米塩のよすがとして役に立てねばならぬ現在ではせめて四十、四十が早ければ五十でいい。五十で識りたいものだ。迂闊に六十にして始めて云々などと口外すれば引かれ者の小唄だなどと笑はれないとも限らない今の世の中だ。尤もこんな心構への奴には永遠に芸の技の奥義は分らないのかも知れない。

＊筆は一本　箸は二本　衆寡敵せずと知るべし。　斎藤緑雨

＊倪雲林は、潔癖が嵩じてついにはその山水に人物を書き加へなかつたと云ふ話だ。

*《戦争と貧困と恋愛を経なければ、人生を味つたとは云へない。》これはオー、ヘンリーの言葉ださうである。まさしく戦争を味ひ貧困にのぞみ、のこる一つの恋愛だけは恋愛らしい恋愛を味つてゐない。人生だとすれば序のことにこれも味つておくべきだがすでに不惑に近く　三十七にもなれば容易くはこれも出来ぬであらう。戦争に参加したと仝様に恋愛召集令の赤紙でも来ない限りはなすべくしてなす勇気が、こまめさが　僕にはもうない。

筆技百態——松村武雄

△小説家スコット　飛ぶが如く筆を呵す　パランタイン印刷会社の株主として十一万七千磅の責務を筆一本で償却する。
△池大雅堂——雲谷派の画家曾我蕭白がある日南画壇の大雅堂の一線一画緩慢遅々たるをみておどろく。
△本居宣長——机辺に鈴をかけて煎豆をかぢる。
△シルレル——室を暗くして腐つた林檎の香をかゞないと詩興湧かず。
△漱石——明窓浄机
△晋の顧愷之——楼屋を作つて画室として晴天和静の日のみ仕事をする。——階段をとり払つて他人の近づくことを止め浄几に微塵の汚れもとゞめず　※

△大雅堂――破れ家に坐して雨漏りも意に介せず毫を揮ふ。
△カーライル――屋根裏を書斎としてロンドンの物音を超越し得たつもりでゐると却つて遠方の雑音まで新に耳に入り折角の妙案も台無しになり市井の喧擾になやむ。
△倪雲林――厠に鵞毛を敷いて大便をする。机辺に水を盛つた盥を置いて日に幾十度となく洗顔する。来客には手を洗はす。

明治三十七八年戦役陸軍衛生史

※弾丸命中率
clausewitz は leipzig 戦に於て戦場即死者一人には少くも一人の体重に等しき鉛の消費せられたることを唱へり後墺国参謀大尉 Berndt は普仏戦中 Gravolotte 戦にては Sachsen 軍は400発に付一人の死傷を、又 Mans la tour 戦にては452発に一人の死傷を生せりと、即ち精鋭なる火器も戦場に於ては射手心理の変化によつて命中弾の多からざることを知るべし
日露戦死傷1人について　鴨緑江戦は敵小銃弾481発　遼陽戦482発なり。
※戦死者と負傷の関係
独軍兵学家 Weder は死と傷との関係は1と4と仮定したりしが大戦の実蹟は死者の率稍

々高きが如し　日清に於ては1：4.0　日露に於ては1：3.5

※戦地即死者の死傷部位

銃創（%）と砲創（%）

頭首	胸	腹	頸	顔	上肢	下肢
58	32	30	36	23	0.5	1.8
43	27	27	35	15	2.2	4.1

※兵種別死傷率

日露戦に於ける	歩兵	工兵	野戦砲兵	衛生兵	要塞砲兵	騎兵	輜重兵	獣医	経理
准士官以上	219.9	83.8	76.8	15.5	30.8	34.3		2.0	1.3
下士官以下	144.6	63.1	30.7	18.9	16.7	14.1	1.7	0.4	0.9
合計	146.3	63.6	32.1	18.2	17.1	15.0	1.6	1.1	1.1

※階級別死傷率　死1に対して傷

	日	露	英	伊	米
将校	3.0	5.3	2.6	3.0	3.8
下士	3.3	6.1	3.0	4.0	4.3

日露は日露戦　その他は欧州大戦

※行軍の際水筒の水尽きたるも補充の途なく僅に玉蜀黍の茎を咬み或は茎と葉の附根に附着する露を吸ひつゝ渇を医《いや》す　しかるに天明に至り兵卒の口辺に多数の油虫附着せるあり　相顧みて苦笑す――明治三十七年五月塩大澳上陸。

※夜盲

※火線に於ける傷者の心理

負傷の瞬時に於ては瓦礫木片の如き鈍体を以つて打撲せられたるが如き感じを訴ふるも、疼痛は負傷後暫時の間著しからざるを常とす。戦場を退きて始めてこれを感ずるもの多くまた時としては自ら負傷せるを知らず、戦友の注意により或は流血を睹て、或は被服装具の破損を見て始めてこれを覚れるものあり、或はさきに一創を蒙りしを知らず第二創を蒙りてこれを検するに方りて初めて発見せるものあり、その他負傷の部位を誤り、之を上膊に感じて却つて胸部に発見し大腿に感じ却つて腹部に発見せるが如き例あり又左顱頂部を貫通せられたる一傷者は　負傷後人事不省に陥り暫時にして稍々醒覚せしか、右上下肢麻痺し殊に右手は銃を握りたるまゝ自ら之を放すこと能はず、傷者は此の部に負傷せしならむと信ぜしも戦友来て繃帯を施すに及び始めて負傷の頭部なることを知れり。《明治三十七、八年戦役衛生史》

※衛生機関収容後に於ける傷者の心理

※4D臨時衛生隊は大姜家に於て八月二十一日より二十八日午後七時迄に収容したる傷病者一九四六名にして繃帯所は一時七百余名を擁するに至り殆どその処置に窮し一巡の創傷処置も容易に普及せず傷者は手術室に闖入し軍医を要して処置の急を求め、或は炊事場に群集して飲食を迫る等混乱紛擾惨憺たる光景に陥り之がため発著部の主任軍医は精神に異常を来せり。

※※1D第一野戦病院は八月二十日小潘家宅に著し衛生部隊の傷者を引継ぎ作業を開始す、二十八日に至り敵弾頻りに至りその一弾病室を貫き病床の二名に重傷を負はしむるや患者は著しく不安を感じ命を待たずして自ら病院を去るものあり。

※※※万宝山の戦闘にあたり山田支隊の苦戦に陥るや恰もその左翼に連繫しありし3D長興甸野戦病院に於ては誰云ふとなく戦況不利の報伝はり院内の傷者は動揺し行李員は無断逃走して姿を消したる事あり。

※※※※1D第一野戦病院第一半部の王家甸子に到著の時　患者は既に三々五々前方より来り、二十三日午後八時開設後夜間絶ずこれを収容し、二十四日益々増加す。同日午後軍医部長の通報により前方には重傷者多数なるを以つて軽傷者は成る可く後方の病院に至らしめんとせり、然れども傷者は軽重に論なく飢渇と疲労のため収容を求めて去らず、収容部前は傷者群集し混雑甚しきを以つて漸く最軽傷者を後方に至らしめ其他はこ

れを収容して一時の混雑を避けたり、しかるに午後二時頃敵の巨弾病院の周囲に落下するもの二十余発に及び爆音天地を震撼し病院は一時烟塵に包囲せらる　是に於て軽傷者は自ら病院を去りて周家屯第二野戦病院に向い重傷者は後送を求めて或は叫呼し甚しきは悪声を放つものあり一時大に騒擾し日没と共に危険止み四隣静粛となれり。

※※※※※　周家屯9D野戦病院は八月十九日より二十六日に亘り収容したる傷者二四五八名　病者二五九名にして二十二日には一一二一名に及べり　当院は第二線の位置に在るを以て収容傷者は前方各病院の転送患者を受けて之を後送し連日連夜その混乱甚しく手術室には傷者蝟集して雑踏し先を争つて繃帯の交新《〔ママ〕》を迫り甚だしきは室隅より《前日来一食一睡を得ずして待ち尚ほ未だ手術を受けず静粛命を奉ずるものは尚幾日を待つべきか》等と叫び他を排して自ら手術台に登らんとするものあるに至れり。

★※11D大孤山第一野戦病院は開設第二日八月二十六日天候険悪にして雷雨あり　敵兵出撃して盛に銃砲声を聞く、当病院は収容傷者多く、業務最も多忙なるに方り偶々我軍利あらず今や退却中にして一刻を緩うすれば病院は必ず敵手に委ねらるべしと伝ふる者あり、無稽の流言なるを信じ院長以下全力を尽して鎮撫に努めたりと雖も傷者の動揺止まず河水氾濫して渇流天幕を倒し材料を流し患者の大部は難を山脚に避け全身湿潤して一層の苦悩を増し天明のち雨やみ戦況の変なく患者沈静し病院は業務を続行

せり

★※※大王荘第二野戦病院は十一月二十九日払暁第二半部の前進を命ぜらる、や洪家溝（大王荘の分院室）の患者二百余名は重症三名の他監視者の隙に乗じ私有品を肩にし枝〔ママ〕に頼りて大王荘の手術室に集り身の処置を逼れり是れ蓋し第二半部の前進を誤解し患者を放棄するものと思惟したるなり仍て之を諭して皈らしむ。

★※※※日独戦間李村野戦病院は十月二十九日未明より敵の砲撃をうけ午前五時本部北側軽傷病室に着弾し軽症者二名を即死せしむ　病院長は発着部附看護長以下を指揮し同室患者の保護慰撫に務〔ママ〕めしが爾後附近に敵砲弾の集注益々烈しくために収容患者は畏怖動揺し歩行に堪ゆる軽症者は制止に応せずして四散せり。

★※※※※戦場より後送せられし傷者は恐怖に満ちたる絶望的の眸をもつて蠟細工の如く一点を凝視し表情を欠き戦慄し多くは沈黙す　軍医の傷を診するや唯会戦の名の由つて来りし二三の著明なる地点を云ふに過ぎず、その後のことは云はざるものの如し傷者の答は唯恐しかりし言語に絶する怖しさとのみにて追想の幻覚切なるもの、如く忽ち瞑想す。此の幻想は夜に入るや呻吟となり号叫となり常に過ぎこし方を夢み或は隊長の号令を発し　或は狂気を帯べる笑を漏し　或は真の子供の如き救助の呼声を出し　若き傷者は《母よ》と呼ぶものあり。病室の白き病床に力無く横りつ、心は猶戦場を駆け廻り狂ひ廻るものの如し。恐怖の氷日は追て解け去るに及び誠実にして善良なる眼は再び菫の花の如く咲き出ずるに至る。（独逸軍病院の一節）

★★後退したる傷者に戦況を聴くときは概ね我軍の戦況不利にして其の損害を誇大に告ぐもの比々皆爾りとす。又欧洲大戦間露軍野戦病院内の記事の一節に曰く《収容傷者の戦闘経過を物語るや孰れも悲観的にして且反感的の語調に満されたり》と（Waller von wyss）

☆※兵站衛兵機関に於て傷者生命上に安全を感ずるに至るときは概ね後方勤務者を蔑視し自己の戦功を〇〔一字不明〕るもの多し又重症者は内地遷送を望む念切なり

☆※※澳匈国は当初軍団に軽傷者集合所を設け軽傷者の後送を阻止せしか一度同所に収容せらるゝや再び戦線に立つを好まざりしかば後に至り同機関を兵站営区内に移すの已むなきに至れり。之を要するに一命を君国に捧げし勇敢なる闘士も一度傷を被りて之を自覚するや生に対する執着を生じ生命の存続を焦慮し殊に衛生機関に収容せらるゝや感傷的となり本能的となり個性保続の念益々熾《さかん》となるものの如し

３Ｄ第三野戦病院の記録に曰く《砲弾雨下の時に方りて傷者の心を傷ましむるもの一ならずと雖も更に負傷を重ねるを懼るゝにあらざるはなし、敵に対し武器を取れば意気軒昂然れども既に傷つきて病院に入れば神色静平なり復々弾雨に浴して避くるに由

なからむか表情知るべきのみ、盛に砲弾を受くるや病室寂として一語なく偶々重傷者の一隅に呻吟するを聞くのみ、悲惨ならずや、一傷者は露骨に云へり、曰く《敵に対し兵を取る一死固より期する所なり然れども一度傷くや生を欲するの念油然として起る。既に繃帯支に入り神を安んで病院に移りては転々露命の完きを得たるを覚ゆ是れ前に鉄火の下に猛進して懼れず今や弾雨の中にありて憂心忡々たる所以なり》と、又多門大尉著　予が参加したる日露戦役の一節に曰く《人間は負傷をすると非常に気が弱くなると云ふことは曾々聞てゐたが実際である。進む時には僕は決して人後には立たぬ積りであつたが負傷した後は実は意気地がない　後で自ら恥しいと思つた。》日露戦間従軍武官仏のマチヨニン曰く《日本兵は甚だ勇敢にして好く生命を犠牲にするも　其の負傷するや直に軍医を求むと。》

※戦闘の攻守

攻者の防者に比し死傷の大なる自然の勢なり　古来攻者の損害は1.5なれば防者1.0なりと謂ふ。

例。日露戦の遼陽会戦に於ては、日（攻）18.2%に対し露（防）11.5%なり
旅順包囲戦にては　日（攻）57.402に露（防）28.200なり、欧洲大戦にては仏軍（1918）攻勢38%　守勢18%なり。

山中貞雄の遺書。（中央公論十二月）

○陸軍歩兵伍長としてこれ男子の本懐、申し置く事ナシ
○日本映画監督協会の一員として一言
〈人情紙風船〉が山中貞雄の遺作ではチトサビシイ。負け惜しみに非ず。
○保険の金はそつくり井上金太郎氏にお渡しする事。
○井上さんにはとことん迄御世話をかけて済まんと思ひます。僕のもろもろの借金を（P・C・Lからなるせからの）払つて下さい。多分足りません。そこうまく胡麻化しといて戴きます。
○万一余りましたら　協会と前進座で分けて下さい。
○最後に先輩友人諸氏に一言
よい映画をこさえて下さい。以上。
昭和十三年四月十八日　山中貞雄

山中の撮影についての《ノート》

▲〈おつ母アがお寺の和尚さんに頼んで　写真の裏にこの通り俺の戒名書いて……（エフ

エクト）　万歳の声　汽車の笛

▲朝　お袋さんが訪れる。村で鼻が高い話　痔はどうかの話　息子くさる。

▲子供を背負つて帯を除して兵隊の横を小走りに行く女の人を見る。

▲日直上等兵。ワーイ。〈食券持つてイモン袋取りに来い〉〈オーイ　田中　田中　日直上等兵〉（居ない）船尾で寝てゐた。〈書簡は各中隊でまとめて船長の所へ持つて来い　わかつたか　わかつたら返事せんか〉　ワーイ。〈おい酔うて甲板に出ると危いぞ〉〈うん〉〈海へ落ちると　カマスゴに喰はれるぞ〉

▲船酔いの男　寝てゐる。〈うーん、おい〉〈どうした、しつかりしろ〉〈儂の背嚢を取つてくれ　中に紙に包んで梅干がある筈だ〉〈梅干〉〈あるか？〉〈あつた〉〈それ儂のヘソに張つてくれ〉〈船に弱い人は梅干をおヘソに張つとくと　いくらゆれても平気だつて〉

▲上衣を間違えるギャグ

〈煙草ないか〉〈うんないんだ、おや　おい　あつた　あつた〉われもわれもと煙草をとる〈おい〇〇ッ　お前誰の上衣着てるんだ〉〈えつ　あ　さうか〉

▲〈おい旅団長　旅団長喜べ〉　旅団長と呼ばれる男　ひんぱんに字を聞き乍ら手紙を書く

▲〈おい戦友　鉄兜かぶれよ　危ねえぞ〉〈何言つてやんでえ　可笑しくつて鉄兜が冠れますかつてんだ　鉄砲の弾丸は頭ばかり当るつて訳のもんでもあるめえ、手に当ることも

ありや足にも当らア　鉄のてつ甲脚絆でもはめてきあがれ〉
▲※貨物列車の中　夜　すしづめの兵隊、入口の扉の処に将校が来る。〈一言注意しておく　此の辺り一帯は尚敗残兵が徘徊してゐる。此辺から三つ目の駅が襲撃を受けて数名の戦傷者を出してゐる。皆弾薬を腰からはなしてはいけない。（装具をとつてはいけない）銃を側へ置く事。い、か、若し襲撃を受けても命令がある迄出てはいけない〉
※汽車の汽笛　描写若干
※ロングで月明の原野を走る列車
※貨車の中ががやがやしている。浪花節をやり出す。〈寒い〉と上衣を着る〈おい俺の上衣ぢや〉〈儂のは〉〈お前のは……〉
※芝居の台詞を活弁の口調で言ふ兵〈近衛後備歩兵第一聯隊長　須知源二郎　聯隊を代表して謹んで奏上し奉る。臣等つとにチヨケンを忝うし皇恩に浴する事こゝに年あり。今や征露の大命を拝し報恩の機将に至れるを喜び、昨十四日一同勇躍して常陸丸に投ず。而るに今朝来濃霧四辺を閉ざし咫尺を弁ぜず正午前　玄海洋上に望みし時、忽ち右舷に大艦影を認む。偵察すればロシヤ、クロンボイ、リユウリツクの三巡洋艦にして此の時既に我が遊船泉丸は撃破せられ左渡〔ママ〕又同じ運命に陥入らんとしつゝあり〉
突然に機関銃の音。一同はツとなる。静寂。やがて都々逸を歌ひ出す。歌の終つた処

で、原野を走る汽車。銃声と汽笛。Fade。
▲三分早い。三分ぐらい。三分あれば師団の編成が出来る。
▲〈おい戦友　煙草一本呉れ〉他の部隊の兵隊と逢ふといつも斯う云ふ。
▲彼奴は煙いのなれとるよ。養子ぢやもの
▲〈北支の花と散つた勇士の家庭訪問　〇〇〇〇氏厳父〇左衛門　暗然として語る〉〈よせやい〉〈許婚〇〇さん　けなげにも語る〉〈馬鹿よさねえか〉〈あの人は……〉此の項現地より特電
▲散兵が歩く。ちやぶちやぶと水筒の水の音　伏線として　水筒を振つて水を呑む
▲城外の田畑を耕す女子供、土の上へ赤児を寝かしとく。匪賊襲来　女と子供逃げる。赤児泣く。城門女引返さうとする。止める。女　宣撫班を罵る。通訳に〈おい　あの女何んて云つてゐるんだ〉〈……〉宣撫班子をつれに城外におどり出る。銃眼をのぞく女見た目の銃眼の彼方　男走つて切れる。女次の銃眼へ、（移動）又見た眼　男行く　又切れる。女次の銃眼へ（機関銃の音）男出て来ない風景。女。close up。cut Back。
▲〈オーデがね〉〈オーデつて何だ〉〈俺の事支那語でオーデつて云ふんだ〉〈あ　さうか〉〈おい　オーデ上等兵〉〈オーデ上等兵？　何の事だ、それ〉〈お前の事オーデて云ふんだらう〉〈違ふよ　オーデつてのは俺の事だよ〉〈だからお前はオーデ上等兵ぢやねえ

か〉〈違ふつたら、オーデつてのは俺と云ふ支那語だよ　わからねい野郎だな〉〈何云つてやがんでえ、わからねえのは手前でえ〉

▲突然出発の命令が出て　にわとりの毛を半分むいて捨てる。その半分裸のかしわが　くつくつと逃げる情景。

▲孫子の兵法に※兵は拙速を聞く未だ巧の久しきを賭ざるなり※とある。用兵の術は少しく拙くとも速い方がいゝと云ふのだ。時間がかゝつて巧であるよりはと云ふのだ。兵法ならこれでもいゝ。だが兵法と映画制作を同じに考へてプロデウサアがこの兵法でやつてくれてはたまらない。

※勝敗

勝者は其の損傷敗者に比し概して少きを常とす

例

長久手戦　徳川軍6.5%　池田軍28.0%

Waterlo　連合軍15.0%　仏軍42.0%

鴨緑江戦　日本軍2.4%　露軍14.6%

得利寺戦　日本軍2.9%　露軍12.2%

※鉄兜

欧洲戦に於て仏軍は軍兜採用以来頭部の損傷を免れしもの9％に達せり。英軍に於ては頭部損傷は15％を占め塹壕戦を除外すれば25％なりしか兜使用以来頭部貫通射創は0.5％に過ぎず　又一般に頭部損傷は1％のみなりと。

※士気

士気旺盛なれば戦死率増多す　即ち死を懼れざる素質の軍隊には戦死者多し。我国軍に戦死率の高きは其の素質の外国軍と異なるによる。

佐藤春夫　支那名媛詩鈔〈車塵集〉

別れしは昨《きぞ》　花さく日
いま秦淮の水は秋
朝うたてき　かがみには
わが面かげぞいたましき

作者楊今燕　十六世紀中葉、明朝万歴年間。名は彩姫。呉の人。秦淮の名妓である。才色ともに一代に聞えてゐた。日ごろ風塵の感を抱いて妄に笑を売ることを好まず　書を読むことを喜び　青楼集を著したといふ。

※打ちかけ　翌日またそのつゞきを打つ
打ち切り　続いて夜を徹しても打つ

蕎麦屋の話　小林倉三郎

お茶屋（さいまき）　そば屋（しばえび）
ヽぬき――枕に入れるそばがらをとりのぞいた中の実
ヽうすや――ぬきをひく粉ひき専門の職人
ヽさなご――そば粉をふるつたあとのひきがけで洗粉によろしい

そば屋の職人
▲外番《そと》。出前持　昔は印半纏にわらじがけ　提灯を持つた。外番には本番（出前のかたわら道具を下げ代金を受取る）と助番（出前だけを受持つ）がある。
▲端番《はな》。店前の客扱ひと出前の道具立。
▲中台《なかだい》。種ものの拵や天ぷらを揚げるのや七輪一切の仕事をする。
▲釜前。もと汁を作りそばを茹る。

▲板前。そばを打つ。

▲まごつき。――これらの仕事のすべての経験があつて　機に応じてどの部にも手伝ふ役目

▲うへした。――板前が釜前をかねる

▲はまり――子飼ひ、何処何処のはまりだから間に合ふ。

▲おひな――おひな　ひよこの意　若い小僧。

▲おしな湯――来たての小僧が好んでそばじるにそば湯を入れてのんだと云ふ。

▲大仕事――〈もり〉〈かけ〉を忙しくうる店

▲なつたり――大入袋を仕事場に出す。

▲きれい――すくなめの意

▲きん――大めの意　そば屋の符牒

▲おひねり――一つの意

※もりかけ四はい。――もりとかけ二杯宛の意

天つき三ばいおかめ――天ぷらそば一　おかめ二

おかめがついて三杯天ぷら――おかめ一　天ぷら二

※〈つき〉〈ついて〉はかずが三つ以上の時、品の違つたのが一つ入ること。

※〈まじり〉〈まじつて〉は五つ以上に二つ入るのを云ふ。
※〈まくで…〉もりとかけの場合は〈つき〉〈まじつて〉と云はず〈まくで…〉と云ふ。
※〈うどん〉の場合は〈うどんで何こ〉と通す。

例

・うどんで親子が三ばい。
・かけが二はい、まくでもり三つ。
・うどんのおかめに天ぷら南ばんで三色六ぱい（おかめがうどん。各二はい宛）
・はなれて　うどんそば四はいかけ。
・はなれて　ざるが三まい。

松坂屋〈department〉の符号

セ1　ホ2　ア3　山4　の5　オ6　メ7　久8　リ9　受10　奉百　鶴千　亀万

▲銭※入　▲拾※受一　▲円※丸、、、

一円五十六銭　セ、の一オ入
八円七十三銭　久、メ一ア入
十四円四銭　一山、山入

七百九十二円六十一銭　〆奉リ一ホ丸オ一セ入
▲男　のノ字　　▲頭　グンヂ
▲女　正ノ字　　▲帯　筋
▲良い　上　　▲銭　ノタ
▲悪い　エナ　　▲客　御成
▲便所　シンカク　　▲万引　木の、二十五匁
▲助平　エナ助　　▲狂人　木印
▲食事　売座　　▲無い　山
▲着物　マツヤ　　▲副食　シンキ
▲三越　冨士　　▲白木屋　〆一《かねいち》
▲松屋　木公　　▲松坂屋　手印
▲高島屋　丸高

※愛情とは一つの距離である。
※悲劇が問題になつてゐる間は未だ幸福である。

※髪の味感――太田三郎に激しい恋愛の黒髪の歌がのつてゐる。万葉集
、ぬばたまの妹が黒髪今宵かも　われなき床に靡けて寝らむ
、ぬばたまの黒髪敷きて長き夜を　手枕の上に妹待つらむか
、朝寝髪われは梳らじ愛しき君が手枕触りてしものを
、黒髪の乱れも知らず打ち伏せば　まづ掻きやりし人ぞ恋しき　和泉式部
戯れに
、ぬばたまの黒髪乱れ短夜を　手枕にせし腕《かひな》　いまは銃◯とる。

※軍隊符号
近衛　G　歩兵聯隊　i
近衛師団　G.D　二聯隊一大隊　1/2i
近歩四　G.4.i.　大隊はⅠⅡⅢ
独立　S　騎兵　K
後備隊　――　国民軍　‖
数ヲ示ス場合ハ　（　）　←日本数字ニテ書く
欠数ヲ示ス　（一）

歩兵二聯隊第一大隊欠　2i(－I)

第五中隊ノ一箇小隊　$5\frac{1}{3}$

$5(-\frac{1}{3})$ / 113i　113iの5中隊の指揮する二箇小隊

師団司令部		五師団司令部	5D	旅団	✡
大本営		中隊長			
総司令部		将校			
歩兵聯隊		下士官			
聯隊	R	兵			
大隊本部					

軽機	lmg	戦車	T.K
重機	mg	軽装甲	L.T.K
軽迫	lm	独立軽装甲	L.P.M.S
重迫	sm		

住所録

木村亮次郎　漢口支局長（大朝社会部次長）／岡田歓造　清水組／中山元吾（呉竹丸機関長）／吉永憲治　辰馬汽船（呉竹丸船長）／斎藤良作　十一水雷艇隊／寺岡鉒一　都新聞社記者／原田勝／広沢秀雄／八ツ井定徳　郵船ビル／伊藤徳造　武田長兵衛／吉岡秀郎　哈爾浜市伝家甸正陽八道街泰昌堂薬房内。／長井康容／野口久光／英太郎／戸部新吾／西川信夫

〔次ページ〕

出雲八重子／桑野通子／江間光子／飯田蝶子／高峰三枝子／吉川満子

田中絹代

坂本武／河村黎吉／斎藤達雄

吉村公三郎

上山草人

〔次ページ〕
中西文吾／岩田専太郎／浜田辰雄／五所平之助／小笹耕作／稲垣浩／井上金太郎／内田吐夢／内田岐三雄／田坂具隆／溝口健二／岸松雄／池田忠雄／池田義信／野田高梧／柳井隆雄／荒田正雄／伏見晁／斎藤良輔／野村浩将
〔次ページ〕
谷口利次／慶光院俊／吉田寺蔵／奥山正次郎／置塩高／橋本泰太郎／田伏とく／内田誠／斎藤東吾　日本鉱業株式会社
森栄／沢口光子／小津新一
日本映画監督協会

※生理学なぜ　何故ならば　林髞　1.80
※随筆　貞女　森田たま　1.70
※随筆　きぬた　同　1.70
※顔を洗ふ　中川一政　2.00
※噓の行方　三宅正太郎　1.80
※風物誌　滝井孝作　2.00

※子供の四季　坪田譲治　2.00
※求心力　里見弴　1.80
※東天紅　佐藤春夫　2.50

解説

「中央公論」一九三八（昭和十三）年十二月号に掲載された山中貞雄の遺文（陣中日誌）を、小津安二郎が読んだのは、その年十二月二十日のことであった。中国湖北省応城。当時の代表的総合雑誌四誌（他に「改造」「文藝春秋」「日本評論」）は前月二十日ごろに揃って発売される恒例だったから、ちょうど一月遅れである。「新聞広告を見て、うちへ中央公論を送れと手紙を出した。そうしているうち、自分の隊の軍医の所に来ていたので、それを読んだ」（「『戦争と映画』を語る」）。小津自身の従軍中の日記は、その日から書き出された。

小津が応召したのは一九三七年九月。しかし、彼は山中の遺文に接するまで、日記やメモの類を記さなかった。「僕は山中の遺稿を中央公論で読むまでは、ちっとも戦場で映画の事を考えなかったが、あれを見てからはこれはいかんと思った。／とにかく山中は向うで会っても映画の事を熱心に考えていたよ。僕はとにかく日記だけはつける事にしたが」

（「田坂・小津両監督対談会」）。日記は内地に帰還する前の月、一九三九年六月五日まで記された（その後彼はマラリアを発病したらしい）。その日記は、私が編纂した『全日記 小津安二郎』（フィルムアート社、一九九三年刊）に収録済みであり、『小津安二郎「東京物語」ほか』（みすず書房、二〇〇一年刊）にも再録した。

しかし、彼はじつは日記のほかにもう一冊のノートを残していたのである。それが今回発表する〝禁公開〟ノート「陣中日誌」である。冒頭に「禁公開」と大書し、「例へば僕が戦死をしてもこの日記の内容を公表しまたハ転載することは堅く断りたい。どうか僕をジヤナリズムの敗残兵にしないでくれ。／ちうしはけんぐんはたぶたいいぶすきぶたい／おずやすじろうじんちうにつし」と記している。

その存在が知られていなかったわけではない。かつて『小津安二郎・人と仕事』（蛮友社、一九七二年刊）のうちに、年譜を作成した下河原友雄によって、ごく一部が採録されていたのだが、その後はその全貌を紹介する動きは起こらなかった。小津を対象とする言論がそれを必要としなかったのだろう。また、今日の〝ジヤナリズム〟の関心をひかなかったのだろう。それとともに、やはり小津自身が〝禁公開〟と指示した点にひっかかったこともあったと考えられる。

このノートの発表を禁じた小津の真意は、むろん彼以外には誰も知りえない。だが、何がしかの憶測を試みるならば、山中貞雄の例に鑑みて、自分も戦死した場合には遺文の類が発表される可能性が大いにありそうだと、彼は考えたはずで、それに対して予防線を張ったのではないか。出征中の小津は、映画人のなかでもっとも多く、〝ジヤナリズム〟に報道された人物だったのだから。

当然、記述内容に、戦時体制下のその時期にあって、軍機にふれるなどの理由から公開を憚るべき部分があるという判断は、一応想像できる。だが、それならば該当個所を除いて発表することは可能である。少なくとも彼が上海（のち中支）派遣軍・野戦瓦斯第一中隊（甲）に所属した事実は（拙著『小津安二郎周游』文藝春秋、二〇〇三年刊、参照）、日記や書簡にそれと推定しうる記述があるが、この〝禁公開〟ノートには存在しない。〝禁公開〟はむしろ彼の主観の問題ではなかったか。

小津安二郎は自他ともに認めるスタイリストであり、完全主義者であった（たとえば「小津安二郎監督の『東京の宿』を語る」で「（映画の中で）やっていることは大概意識しています」と発言している）。映画作品においてそうであったばかりでなく、ときおり需められる文章でも周到な計算と技巧をめぐらせている。ところがこのノートは、彼がそのように公けにすべき〝作品〟として書いたものではない。それは個人的な心境の反映であったり、素材の集積であったり、いずれにせよ完全主義者の小津にとっては作品以前、作品未満の次元にある。また、不用意に内面を垣間見せること、楽屋落ちに類することは、スタイリスト小津にとって自らに禁ずるところでもあったと想像できる。その意味で、〝禁公開〟の指示は、スタイリスト・完全主義者としての彼のひとつの表現であったのではないか。しかし、拒絶の身振りは必ずしも拒絶の意志に等しくはない、ともいえるのである。

ともあれ、このノートが書かれたのが一九三九（昭和十四）年。六十余年の歳月が経過している。小津が世を去ってからでも四十年を超えた。時代も変化し、彼の評価も生前は国内に限られていたが、もはや世界的になっている。いまさら禁止に拘束される理由もないように思われる。

さて、このノートはいつごろ書かれ、いかなる内容のものであろうか。前述のごとく、小津が山中の遺文に接して日記をつけはじめたのが一九三八年十二月二十日であるから、それ以前に遡ることはなく、ノートの冒頭は火野葦平の「土と兵隊」の感想で、日記によれば彼はそれを一九三九年一月六日に読んでおり、すなわちそれ以後、内地帰還が決定する六月（十六日付筈見恒夫宛書簡に記述）までの期間に書かれたと推定できる。だが、ページを追って時間順に書かれたとは必ずしもいえない。

構成に沿って見るならば、（A）第三ページ（一月一日の欄）から第一三ページ（同三十一日）までは、読書ノートの類。（B）第二〇ページ（二月十九日）から第六七ページ（七月四日）までは『対敵士兵宣伝標語集』の筆写にあてている。その前、第一九ページに正月に兵隊に配られたとおぼしき口取の缶詰のラベルの貼り込みがあるのが小津らしいところか。（C）第七六ページ（七月三十一日）から第一〇五ページ（十月二十三日）が「撮影に就ての《ノオト》」。（D）第一三一ページから第一五〇ページまでは「MEMO」とした部分で、これは通常の日記欄の後のメモ的なページに書かれている。（E）第一七六ページから一七九ページまでが住所録、最後の第一八〇ページに購入した（？）書籍のリストがある。

すでに公刊された同時期の日記と共通する部分もあるが、重ならない内容のほうが多い。日記と相補う形で、戦場の小津安二郎軍曹（応召時は伍長だったが軍曹に昇進していた）の見聞と思考を記録し、体験を伝える貴重な資料ということができる。

簡単な解説を付す。（A）の前半は火野葦平作「土と兵隊」およびそれを論じた言説に対する論評であり批判である。後半は茶谷半次郎「志賀直哉素描」から志賀の発言を抜粋したもの。

「土と兵隊」は「文藝春秋」一九三八年十一月号に掲載。同月改造社より刊行されたが、小津は雑誌掲載の形で読んだ。日本軍が占領し大量に駐留した大都市では日本の雑誌も入ってきたようで、彼はそれらを適宜入手して読んでいた。とくに文芸作品を多く読み、日記にしばしば記録がある。一九三九年四月二十二日に「中泉が漢口から帰つてくる。文春、中公、旬報〔註・キネマ旬報〕、ビスケットなど買つて来てくれる」との記述もある。〝支那事変〟の最中《さなか》から生まれた体験的戦記文学の代表作として大評判を呼んだ「麦と兵隊」(「改造」一九三八年八月号)に続く、火野葦平の〝兵隊もの〟第二作が「土と兵隊」だった。「麦と兵隊」は火野が中支派遣軍報道部員として徐州会戦に従軍して書いたもの。「土と兵隊」は時期的にはそれより前、玉井勝則(本名)伍長の杭州湾敵前上陸の体験記である。その「土と兵隊」を小津が読んだのは一九三九年一月六日、なお応城に駐屯していた時期である。その日の日記の記述は次のごとし。

麦と兵隊でもさうだつたが土と兵隊を読むと、もつと兵隊の心理的のものを出して欲しいと思ふ。これでハ通俗的な少年読物の域を出ていないでハないか。兵隊が感じるものハ郷愁の程度だけれど、こんな簡単な兵隊ハこの部隊にハゐない。火野葦平奮戦記——上官から戦友から総花式の功績報告書だと云ハれても　これでハ致方がないでハないか。これにもましてくだらないのハペン従軍隊の連中のものだ。前線の将士の辛苦をみて忸怩たるものがあり感謝を書いてゐるだけだ。物をみる目がとても兵隊のところにまで行つてゐない。最《〔ママ〕》も十日や二十日の従軍でハ何もわからないのが当然だが。

これが第一印象、最初の感想である。すでに基本的なデザインは提出されている。そこに「文藝春秋」翌十二月号の武田麟太郎の文芸時評や「三田文学」一九三九年一月号の北村小松の文章を知って、やむにやまれず一文をなしたのだろう。火野葦平批判であると同時に、銃後のジャーナリズム批判であり、「内地の電気の下でお茶をのみながらの土と兵隊の作者に送る無上の喝采は、単なる銃後の御愛想だと思ふ」という個所にこの文章の真意があるだろう。韜晦というスタイルを好む彼としては、異例に率直で手厳しい言葉が続く。もともと作家の映画批評などに否定的な小津であったが、ここでは〈軍規の中にはいり込み戦争を体験しなければ戦争文学は批評出来ない〉とまで断言してしまうのは、やはり彼が現実に戦場で得た実感であるとともに、いわゆるペン部隊への強い反撥に、戦場にいることの微妙な作用、影響も感じられないだろうか。このペン部隊は、作家たちに戦地を見学、体験させてジャーナリズムを通じて宣伝させようとする、文筆家を軍の情報戦略に動員する試みの最初のケースだろう。〝支那事変〟が従来とはレベルを異にした総動員戦争であったことを示す。

それとは対照的に彼が称讃する里見弴の「鶴亀」(「文藝春秋」一九三九年一月号)は一月

二十六日、やはり応城にて読み（「会話のうまみにほとほと頭が下る」）、谷崎源氏は二月二十三日の日記に「読みたいもの」として挙げていたもので、五所平之助から送ってきて（四月十八日入手）、四月二十二日から読みはじめた。場所は安義北方の部落であった。どちらも世の移ろいとはかかわりなく自らの境地を譲らない作家たちである。

志賀直哉もそのひとりで、小津がもっとも畏敬した作家だから、茶谷半次郎「志賀直哉素描」（「文藝春秋」二月号）は日記には記述がないが、雑誌が手に入れば真っ先に読んだと思われる。そこから共感を覚えた個所を書き写したのである。最初の一節は小津自身の作風をも言い表したといえるだろう。志賀といえば、五月九日の日記に次の記述がある。

夕方から安義まで道普請。この二三日前から暗夜行路を読む。岩波文庫で、全篇は二度目だつたが後篇ハ始めてで激しいものに甚だうたれた。これハ何年にもないことだつた。誠に感ず。

（Ｂ）はこのノートでもっとも多くのページ数を占める『対敵士兵宣伝標語集』の筆写である。「国民政府軍事委員会政治部」すなわち日本軍の当面する敵の作成したパンフレットで、凡例の一に（為便利政工人員対敵士兵宣伝工作及各種訓練班日語教育起見、編製本標語集」とあり、中国語と日本語の対訳形式で、日本軍将兵に戦闘放棄、離脱、帰順を働きかける工作員養成の目的をもつものらしい。小津は「江西省奉新城内にて拾得」と記している。彼が一九三九年三月二十日の修水河渡河戦に続く追撃を終え、奉新に到着したのは三月三十一日で、四月十日に安義方面に出発した。苛酷な行動の後のしばしの休養であった。その間の拾得物だが、日記には何も書かれていない。しかし、彼はこのパンフレットをまるごと全冊、以下破けてなしというところまで（失われたのはごく小部分と思われる）筆写したのである。まさに完全主義者の面目躍如である。ただし筆写の際に生じた若干の誤記が散見する。

たしかに彼は、後年のシンガポール時代もそうだが、文章を書き写すのが好きではあったようで、その趣味はこのノートでも大いに発揮されている。また、日記中にも宿営した中国人住宅（住人は逃げ去っていた）に貼られた貼紙の文句や、慰安所ができて配られた券に書いてある利用心得まで書き写している。だが、敵軍が行った宣伝活動のための文章を筆写するというのは、見方によっては危険な行為ではなかったか。そこに彼がこのノートを〝禁公開〟とした理由のひとつがあったのかもしれない。

ところで、この『対敵士兵宣伝標語集』の内容はいかなるものか。まず各パートのタイトルを列挙してみよう。

＊説明我国抗戦優点及勝利前途者

Ａ闡明我国抗戦意義及堅強信念

Ｂ説明我勝利条件

Ｃ伝達国際反日援華真相

＊説明侵略戦争的意義及失敗前途者

Ａ侵略戦争之一般的意義

Ｂ侵略戦争対敵農民之影響

Ｃ侵略戦争対敵工人之影響

Ｄ侵略戦争対於中小工業者之影響

＊啓発日兵以日本国民応有之

Ａ告以中日親善之真正途径

Ｂ掲発日本軍閥之欺騙

Ｃ説明在華侵略行動之真相

＊喚起日兵之反省者

Ａ告以真正敵人是誰

B促其想念家郷、父母、妻子

C（一字不明とあるが「伝」だろうか）達国際和平人士兵日本人民反戦運動

D指出日兵的出路

＊攻撃日本軍閥者

＊対一般偽兵宣伝用者〈対淪陥区域民衆亦可応用〉（日本文なし）

＊対東北偽兵宣伝用者（日本文なし）

＊基本喊話口号

＊補助喊話口号

＊付録（伝単の類を一括したもの）

さいわい漢字表記なので意味はとれる。付録其一、其二は東京、大阪、久留米、京都師団及満洲軍政部内派遣兵士戦争反対同盟名義だが、実体は存在しなかっただろう。其三は「日本農民大衆に告ぐ」として中国農民協会名義。其四は「日本労働者諸君に告ぐ」として中華民国総工会名義。以上は日本文のみ。其五は「告山東同胞書」（山東旅鄂同郷会啓）。其六は「告東北同胞書」（東北救亡総会印）。其七は「告台湾士兵書」で、途中で「破けてなし」。以上は中国文のみ。

この文書の作成時期は付録の其三に「戦争は一ケ年越えた」とあるから、一九三八年八月か九月ごろだろうか（それより後ならば別の表現になったのではないか）。明らかに同年一月に蒋介石が打ち出した捕虜優遇政策（情報収集目的）のもとに書かれたと思われる内容である。日本を脱出して、上海、香港に潜伏したのち、国民政府軍事委員会設計委員に迎えられ、反戦運動を開始したプロレタリア文学作家、鹿地亘夫妻の行動との関連がたしかにひとつの興味の焦点になる。鹿地が最初に日本人捕虜を組織した反戦同盟西南支部が成立したのは同年十二月だが、彼はそれより前から活動しており、彼の戦後の著作『日本兵士の反戦運動』（同成社、一九八二年刊）に、蒋介石は「郭沫若に命じ、ただちに鹿地に執筆させ、日本の各界に反戦闘争を訴える六種類の檄文を作り、夜間に乗じて、九州の八幡、久留米の一帯に、飛行機を潜入させ、そのビラをまいた」と記されている。菊地一隆『日本人反戦兵士と日中戦争――重慶国民政府地域の捕虜収容所と関連させて』（御茶の水書房、二〇〇三年刊）によれば、一九三八年五月二十日、九州地方に飛来した中国空軍機が撒布した伝単は鹿地作成のものである。そのとき採集されたもののうち「日本農民大衆に告ぐ」の内容は、たしかに小津が拾得筆写した冊子の付録其三と同一内容と推定できる（ただ「日本の戦争は十箇月になつた」とあるから、そこだけ更新したものか）。一方、付録其二、其四で「戦闘」の「闘」の文字に「鬥」を用いているのは、日本人にはない使用例のはずである（「小津安二郎戦場談」参照）。鹿地亘編『日本人民反戦同盟闘争資料』（同成社、一九八二年刊）の口絵写真（5）の説明文に「軍事委員会政治部の顧問として、鹿地亘と池田幸子は捕虜教育に着手するとともに、政治部第三庁をたすけ自からも書き、またそれらの捕虜将兵にも書かせて、各種の宣伝品を作製した。これらのパンフレット中、「日語口号捷径」とあるのは、後日反戦同盟が中国軍将兵の日本語教育のため編纂したもの」という記述があり、それともおそらく無関係ではない。これらの問題は今後さらに検討を要する課題であろう。日本人の中国での反戦運動の研究で、共産党側に比べて国民党側が遅れているのであれば、小津の筆写もそれなりにひとつの歴史的資料にはなるだろう。彼自身は何のコメントも付してはいないのだが。

（C）の「撮影に就ての《ノオト》」は、山中貞雄の遺文に触発されてはじめた、将来の映画づくりの参考にすべきネタ帳である。一兵士としての小津が戦線で採集したエピソードの数々で、実際の見聞を書きとめたのだろう。これも一種の拾得物ともいえようか。戦時の生活単位である部隊における兵隊たちの生態を、映画の場面のなかのエピソードのように記録している。「テキサス、レンヂヤーのロイド、ノーラン」（『テキサス決死隊』）とか「半島のアーミー、ヂヨリー」（『モロッコ』）とかの形容に、彼の映画的記憶がフラッシュバックで再生する。ただ、小津自身に言わせれば「山中よりいいのは一つもない」ということになる。

小津は帰還後、結局戦争映画をつくることはなかったから、これらのネタ帳は現実には活用されずに終わった。一九四二年のシナリオ『ビルマ作戦・遥かなり父母の国』にはある程度応用されており（たとえば、子供が死んだ便りが直接本人にではなく部隊長のところに来る話など）、またそっくり同じではなくても適当に改変して使ったりもして、雰囲気に共通性が見られたが、（あるいはそれゆえに）映画化は実現しなかった。その意味では、これらの採集は直接仕事には生かされなかったが、日記や書簡には表現されない彼の従軍時代の生活ぶりを如実に伝える記録として、貴重な文献と考えられる。

山中におよばずと本人は言うものの、小津が書きとどめたエピソードにはすぐれた観察眼を示す例が散見する。とりわけ軍隊生活のなかで無意識に醸し出される兵隊心理の機微、巧まざるユーモアに、小津の関心が認められるが、それが極限状態にあるときに壮絶な悲喜劇の様相を帯び、そこに人間の真実を実感させる。

▲〈おい何だい〉〈残敵討伐だ〉

〈あぶねいぞ、俺の千人針貸してやらうか〉

▲〈鮪の刺身で熱燗で一杯やつてさ、奇麗な姑娘を抱いて入れつぱなしで死ぬんなら

い、けど、……俺いやだよ〉工兵の話。

▲弾はどんどんくる。どうにも仕様がないんだ。あきらめたね。その時煙草が三本あるんだ。俺ら二本一ぺんに吸つたよ。

▲戦死者がある。おい血の匂ひがするんで　蠅がくるんだ。お前一寸あおいでゐてくれ。

なかでも印象的なのは、中国人老婆が自分の娘を強姦した日本兵を探して部隊長に訴え出て、誰も名乗り出ず（肯定するはずはないだろうが）、部隊長が老婆を斬り捨てる一場面である。このネタ帳の性質からいってフィクションではありえず、当時の日本兵の行状の一端が、ここで否応なしの事実として記録されてしまった。小津が戦場での兵士たちの蛮行に言及した例はまれだが、本書第I部（八一ページ）で引用した「人を斬るのも時代劇そっくり」発言を裏付ける事態は、やはりあったと考えざるをえない。

南京攻略戦に参加した部隊を描いた従軍作家石川達三の小説「生きてゐる兵隊」は、「中央公論」一九三八年三月号に発表されたが、同号は即日発売禁止、作者は新聞紙法違反の廉で起訴され、執行猶予付きながら禁錮四月の有罪判決を受けた。石川の意図は、戦場の兵隊のあるがままの姿を伝えることだったが、それは国家の認めるところではなかった。たとえば、母親を殺された中国人の娘が屍に取りすがって泣くのを、インテリ兵士が射殺する。それでも民衆兵士にとっては、ただ殺すのは「もったいない」ことなのである。その意味は小津の記述を見れば明瞭であろう。この小説は、とくにインテリ兵士が「皇軍」兵士になりきる過程が、彼らの理性の麻痺、人間性の崩壊を意味していたことを垣間見せるものであった。

あの国民的著作『麦と兵隊』にしても、戦後火野葦平が明かしたところでは、二十七ヵ所の削除があったという。その作品の最後「私は眼を反した。私は悪魔になっては居なかった。私はそれを知り、深く安堵した」という文の前に、現在われわれが読む三人の中国人捕虜の殺害の描写は、当時は削除され、戦後火野が記憶によって復元したものである。同様に「土と兵隊」も十数ヵ所削除されていた。電線で数珠つなぎにされた三十六人の捕虜が殺されていて、そのうち死にきれなかったひとりの懇願する仕草に、「私」がとどめをさしてやる件も、当然、戦争が敗戦で終結するまで、読者の目にはふれなかった。

石川や火野の文章を知っていれば、小津がこのノートに記した事件も、その時代のその場所で、特別な異例というわけでもなかったということになろうか。

（D）のパートはほとんどが筆写である。「中央公論」に載った山中貞雄の遺文も筆写している。軍医から借りたものではなく、後日家から送られてきたものなのだろう。小津がとくにすぐれているとしたのは次の部分である。

▲突然出発の命令が出て、にわとりの毛を半分むいて捨てる。その半分裸のかしわがくつくつと逃げる情景。

しかしながら、このパートで異彩を放つのは、『明治三十七八年戦役陸軍衛生史』の執拗な筆写である。彼が関心をもった項目は次の事項だった。

＊弾丸命中率
＊戦死者と負傷の関係
＊戦地即死者の死傷部位
＊兵種別死傷率
＊階級別死傷率
＊火線に於ける傷者の心理
＊衛生機関収容後に於ける傷者の心理
＊戦闘の攻守

＊勝機
＊鉄兜
＊士気

このほかに、項目不明のさまざまな実例などの記述が書き写されている。しかし、何が彼をしてこのような行為に没頭させたのか。「現に兵隊の、生還を期し難い前線」にあった彼である。当然、弾丸命中率や戦死者と負傷の関係や即死者の死傷部位やに無関心ではなかっただろう。だが、普通の兵隊なら目の前の事態に反応するのが精一杯のはずで、戦闘ではなく、後方警備のときであっても、三十年余もむかしの記録を繙いたりはしないのではないか。しかも、それを一々克明に書き写したりは。そこに小津安二郎という人物の測りがたい特異な性格が表れているのだろうが。

『対敵士兵宣伝標語集』の丸写しにせよ、この『明治三十七八年戦役陸軍衛生史』の場合にせよ、小津の行為は大いなる無駄ごと、不毛への情熱とも思えるのだが、彼はそこに没頭することで、戦争という無駄ごと、不毛に対峙、あるいは耐えていたのかもしれない（といったところで、それも文章の綾でしかないけれども）。

『明治三十七八年戦役陸軍衛生史』は軍医官僚としての森林太郎（鷗外）がかかわっていて『鷗外全集』に抄録されているが、小津の筆写部分とは重ならない。『鷗外全集』三十四巻の後記に「刊年不詳。右の表題の全六巻二十七冊」とあり、さらに「この衛生史は緒言によれば野戦衛生長官兼陸軍省医務局長陸軍軍医総監小池正直の下に明治三十八年十二月から着手し、翌三十九年四月、正式に三十七八年戦役衛生史編纂委員の任命があった。同年十一月十三日委員長小池正直が休職となり同月二十二日に医務局長森林太郎が委員長に任命され大正元年九月完成した」と記されている。小津がこの書をどこで読む機会を得たか、日記にも記述がなく、詳かでない。例の軍医のところにあったものだろうか。

この他には「筆技百態」（松村武雄）、『支那名媛詩鈔』《車塵集》（佐藤春夫）、「蕎麦屋の話」（小林倉三郎）、松坂屋デパートの符号、「髪の味感」（太田三郎）からのメモ。蕎麦屋やデパートの符牒への関心は、映画監督の職業意識だろうか。最後に軍隊符号が書かれている。

（E）に関しては特記すべきこともない。住所録で、当時の小津の愛人と目されている森栄の住所が小田原から東京・銀座に変わっていることが目につくといえばいえるだろう。彼女から出征中の彼にしばしば手紙や慰問品が送られていたことは、小津の日記の読者には先刻承知の話題であるにちがいない。

以上、小津安二郎のいわゆる〝禁公開〟従軍日誌の「公開」にあたり、あらずもがなの感想を記して付け足りとした。

あとがき

本書の本文は「百一年目の小津安二郎」のタイトルで「諸君!」二〇〇四年五月号から二〇〇五年一月号まで順次掲載された。小津安二郎の生誕百年目にあたった二〇〇三年には、さまざまな関連の催しや出版があいついだ。ブームとさえいえる現象だった。しかし、宴の後はどうなるのか。むしろ百一年目こそ実質が問われるだろうと考えていたところへ、たまたま故師岡宏次氏所蔵になる、小津が〝支那事変〟出征当時に戦地で自ら撮影した写真を、「諸君!」に発表し、あわせて雑文を付す機会を得た。二回で終わるはずだったが、いっそのこと、一部の人々にしか知られていない小津関係の写真や資料を、この際紹介しておくのもこれからの小津理解の礎になる、百一年目らしい刺戟になると思い、求められるまま、つづけて連載という形をとることにした。

したがって、これらの文章には最初からなんらかの構想があったわけではない。また、内容の時代順に書いたものでもない。随時出現する材料にあわせて、そのときどきに反応する形をとったのである。今回一冊の本にまとめるのを機に、それらをほぼ時間の流れに沿って並べ変えた。成り立ちの経緯からして、本書は彼の人とか作品とかを平均的に見渡した〝実用書〟ではなく、当然（そしていつもながら）主題は著者と対象との関係にしか存在しない。素材による条件づけがこれらの文章を小津伝記のふたつの時期に集中させたことは事実であるが、おそらくそのあたりは、これまでの小津知識の空白地帯だったともいえよう。ある意味で、本書は「小津安二郎余録」という性格のものだが、同じ出版社による「大人の本棚」シリーズ『小津安二郎「東京物語ほか」』と対をなす結果にもなった。

　これら各章で、私は直接に資料を解説する意図はもたなかった。資料に触発された偶感を記し、素材にもとづいた自由な変奏を試みた。小津を知ることは、同時に小津によって知ることでなければならない。各章のそれぞれは資料・写真をモチーフとして、不即不離の関係で、あるいはやや近くからあるいはやや遠くから、それと響き合い、それを展開した〝物語〟を形成する。その一篇の主題になぞらえれば、連句やモンタージュの手法もどこかで意識されていなかったとはいえない。しかしそのように、いわば付句として書かれたものが、はたして独立して読みうる文章たりえているかどうかは、読者の判断に委ねるしかないだろう。とはいえたんなる情報としても、従来無視されてきた、または忘れられてきたトピックに、いつもながら多少の注意は喚起しておいたのだから、その応用は将来の問題意識いかんによるはずである。いずれにせよ、私としてはいつもながら大いなる無駄ごと以外のことは、ここではおこなっていない。その意味については本文で、おりにふれて述べた。「小津安二郎と戦争」と銘打ちながら、彼にとっての戦争体験をあらためて総括しなかったのは、この点は『麦秋』のラストシーンをめぐる解釈で再三示唆を繰り返してきたので、ここではあえて簡略にとどめた。

むしろ個人的には、小津の従軍日誌を初出では省略した部分をも復元して収録したことを喜びたい。とくにそこに彼が書き写した「対敵士兵宣伝標語集」が、かつて「現代史資料」の叢書を出版したみすず書房の本に含まれるのは、正しい落ち着きどころになったと思う。小津の禁公開の指示を、いまは時代が変わったからと公開を快諾してくださった小津ハマさんに、第一に感謝したい。ご協力いただいた各所蔵機関、関係者の方々にも同じく御礼申し上げたい。さらに本書は、初出連載時には細井秀雄氏、一書を成すに際しては遠藤敏之氏の督励によるところ大であった。いつもながらお世話になりました。

二〇〇五年六月

著　者

著者略歴

（たなか・まさすみ）

1946年北海道に生まれる．慶應義塾大学文学研究科修士課程修了（国文学専攻）．映画史研究家．著書『小津安二郎のほうへ——モダニズム映画史論』（みすず書房2002）『小津安二郎周游』（文藝春秋2003），編著『小津安二郎・全発言　1933～1945』（泰流社1987）『小津安二郎戦後語録集成　昭和21（1946）年—昭和38（1963）年』（1989）『全日記　小津安二郎』（1993．以上フィルムアート社）『小津安二郎「東京物語」ほか』（みすず書房2001）ほか．

田中眞澄

小津安二郎と戦争

2005年7月12日　印刷
2005年7月22日　発行

発行所　株式会社 みすず書房
〒113-0033 東京都文京区本郷5丁目32-21
電話 03-3814-0131(営業) 03-3815-9181(編集)
http://www.msz.co.jp

本文印刷所　シナノ
扉・表紙・カバー印刷所　栗田印刷
製本所　青木製本所

Printed in Japan
ISBN 4-622-07148-7